Gennadi Nesis / Igor Blechzin

# SPANISCH
# – richtig gespielt

**Thomas Beyer Verlags GmbH – Hollfeld**

ISBN 3-89168-017-1

Satz: Schach-Spezialsatz Bernd Feustel, 8600 Bamberg
Druck: Beyer-Druck, Langgasse 23, Hollfeld

# Inhaltsverzeichnis

# Vorwort

Die Spanische Partie ist eines der wichtigsten und ältesten Eröffnungssysteme im Schach. Der Grund für ihre Beliebtheit liegt in einer unglaublichen Breite der strategischen Ideen und Pläne, die in den verschiedensten Abspielen dieses Partieanfangs vorkommen.

In der Welt der Eröffungsvarianten findet jeder Schachfreund unter der Sammelbezeichnung „Spanische Partie" die Fortsetzungen, welche seinen schöpferischen Intentionen entsprechen. Die in diesem Partieanfang entstehenden Stellungen sind in der Regel dynamisch und voller scharfer Zusammenstöße, wobei reiche Möglichkeiten für interessante taktische Operationen geschaffen werden.

Während der gesamten Schachgeschichte stellte die Spanische Partie eine Waffe in den Händen der stärksten Meister dar. Ihre Spannweite reicht von Lucena und Ruy Lopez bis A. Karpow und G. Kasparow. Schon die Theoretiker der Renaissance verwiesen auf die Natürlichkeit und Logik der Anfangszüge dieser Eröffnung.

**1. e2—e4    e7—e5**
**2. Sg1—f3**

Der Springer wird in eine aktive Position gebracht. Er greift unverzüglich den Bauern e5 an und nimmt das Feld d4 unter Kontrolle, das heißt, er schaltet sich sofort in den Kampf um das Zentrum ein.

**2. ...    Sb8—c6**
**3. Lf1—b5**

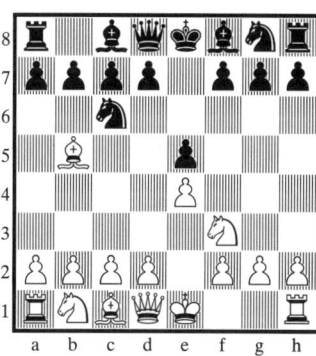

Mit diesem Zug entwickelt Weiß nicht nur eine Figur, sondern schafft eine indirekte Drohung gegenüber dem Bauern e5, der durch den Springer c6 gedeckt ist. Die Stellung wurde zum Studienobjekt der spanischen Theoretiker des 15. und 16. Jahrhunderts, Lucena und Ruy Lopez. Letzterer war Hofschachmeister von König Philipp II. Beiden zu Ehren erhielt die Eröffnung auch ihren Namen. In einigen Ländern wird dieser Aufbau Ruy-Lopez-Eröffnung genannt.

Die völlige Anerkennung der Spanischen Partie erfolgte nicht sofort. Noch zu Beginn des vorigen Jahrhunderts zogen viele solche offenen Eröffnungen wie das Königsgambit oder die Italienische Partie vor. Nachdem aber Persönlichkeiten der Schachgeschichte wie P. Morphy und L. Paulsen Spanisch in ihr Repertoire aufgenommen hatten, änderte sich dessen Beliebtheit schlagartig. Die glanzvollen Siege und tiefschürfenden Analysen von W. Steinitz, M. Tschigorin, Em. Lasker, F. Marshall,

A. Aljechin und später W. Smyslow, P. Keres, J. Geller, B. Spasski und S. Furman führten dazu, daß man heute schwerlich einen Schachmeister großer Klasse findet, der Spanisch nicht in seinem Repertoire hat. In den vergangenen Jahrzehnten war ein neuer Frühling der Eröffnung zu beobachten. Großes Verdienst daran haben die vier letzten Weltmeister B. Spasski, R. Fischer, A. Karpow, G. Kasparow und die Bewerber um den Titel V. Kortschnoi, L. Portisch, A. Jussupow und A. Sokolow. Interessant ist, daß heute eine ganz Reihe hervorragender Schachgroßmeister Spanisch mit Weiß und mit Schwarz spielt. In erster Linie sind Karpow, Short, Nunn, Timman und Ljubojević zu nennen.

Die Autoren hatten die schwierige Aufgabe, aus dem riesigen Material einige Dutzend Partien auszuwählen, die am interessantesten und methodisch am nützlichsten für das Verständnis der strategischen Besonderheiten dieser oder jener theoretischen Variante sind.

Dabei wurden die Partien nach drei Kriterien ausgewählt:

1) die in den Goldenen Fonds der Schachkunst eingingen
2) die typisch für bestimmte Mittelspielstellungen, strategische Ideen und taktische Verfahren sind
3) die theoretische Bedeutung haben.

Die Partien sind nach der Klassifizierung der jugoslawischen Eröffnungs-Enzyklopädie geordnet. Eine derartige Anordnung des Materials ist bequem für den Schachfreund, der die Spanische Partie anhand von modernen Lehrbüchern und periodischen Ausgaben studiert.

Im Buch sind Beispiele der Hauptsysteme der Spanischen Partie gesammelt.

Zunächst sollen die folgenden acht Seiten einen groben Überblick bieten, daran anschließend wird an praktischen Partiebeispielen die moderne Behandlung der Spanischen Partie anschaulich gemacht.

# 1 Theoretische Gliederung

## Erster Teil

**a) Klassisches System – 1. e4 e5
2. Sf3 Sc6 3. Lb5 Lc5**

**b) System mit 3. ... g7–g6
1. e4 e5 2. Sf3 Sc6 3. Lb5 g6**

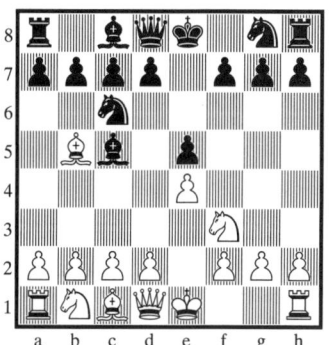

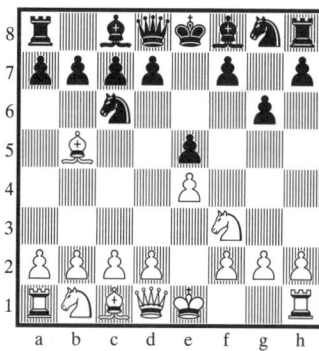

Eine der ältesten Verteidigungen. Sie wurde bereits 1490 in einem Buch als „The Classical Defence" bezeichnet. Deshalb begeht sie ein für eine Schacheröffnung seltenes Jubiläum, ihren 500. Geburtstag. Der Vorzug dieses Systems besteht darin, daß der schwarze Läufer eine aktive Stellung auf der Diagonalen a7–g1 bezieht.

Analysen zum Klassischen System finden sich in den Arbeiten des italienischen Schachmeisters des 18. Jahrhunderts D. Ponziani und des russischen Theoretikers K. Jänisch. Wertvolle Untersuchungen nahmen Krause und Cordel vor, in einigen Büchern wird das System Cordel-Verteidigung genannt. R. Fischer und B. Spasski hatten diese alte Variante in ihrem Repertoire.

Die Fianchettierung des schwarzen Königsläufers gehört zu den strategischen Plänen einer ganzen Reihe von Varianten der Spanischen Partie.

In der Regel erfolgt diese Entwicklung des Läufers nach Manövern auf dem Wege Lf8–e7–f8–g7 und natürlich in einem späteren Stadium der Partie. Erstmalig kam diese Eröffnungsmethode im Internationalen Turnier von Paris 1867 vor, doch das Verdienst ihrer Erforschung gebührt Barnes (1880).

Steinitz führte das System ins „große" Schach ein, und auch Pillsbury wendetes es an.

## c) Bird-Verteidigung – 3. ... Sc6–d4

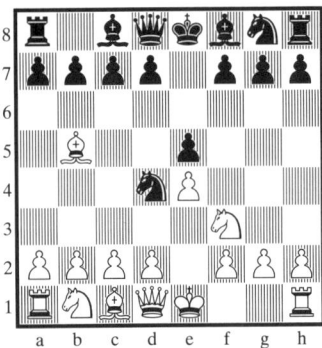

Dr. Siegbert Tarrasch schätzte ein, daß diese Verteidigung besser ist als ihr Ruf. Der aggressive Springerausfall ist mit dem Namen des englischen Schachmeisters G. Bird verbunden, der von 1830 bis 1909 lebte. Auch Blackburne nutzte ihn erfolgreich. Die Idee dieser Verteidigung besteht darin, daß nach dem Springertausch 4. Sf3×d4 e5×d4 der schwarze Bauer d4 die Entwicklung der weißen Figuren erschwert.

## d) Jänisch-Gambit – 3. ... f7–f5

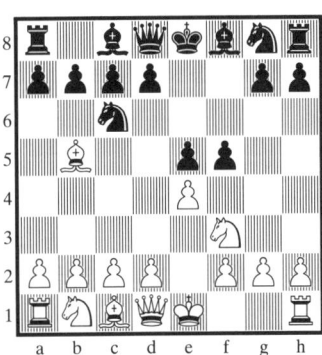

Dieses System wurde im Jahre 1848 von dem russischen Meister und Theoretiker K. Jänisch empfohlen. Schwarz greift sofort den Bauern e4 an und erhält die halboffene f-Linie. Dabei werden gleichzeitig die weißen Felder um den schwarzen König geschwächt. Die Variante wird von Liebhabern eines scharfen dynamischen Spiels bevorzugt, aber sie erfordert tiefe theoretische Kenntnisse, weil die im Jänisch-System entstehenden Stellungen sehr weit ausanalysiert sind.

## e) Berliner Verteidigung – 3. ... Sg8–f6

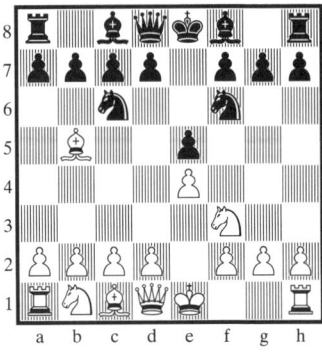

Die Variante wurde oft von deutschen Schachmeistern angewendet, weshalb sie auch diese Bezeichnung erhielt. Schwarz baut seine Verteidigung auf dem Gegenangriff auf den Bauern e4 auf. Weiß läßt zu, daß er geschlagen wird und schließt rasch die Entwicklung seines Königsflügels ab. Mit dem Vorstoß d2–d4 im Zentrum beginnt er aktive Handlungen und gewinnt den Bauern zurück. Die nach 4. 0–0 entstehende Stellung wurde eingehend von brasilianischen Schachmeistern untersucht. Daher rührt auch die zweite Bezeichnung des Systems – „Rio-de-Janeiro-Variante".

# Zweiter Teil

In diesem Abschnitt werden Varianten betrachtet, die mit 3. ... a6 verbunden sind (Morphys Zug) und nach denen auf den üblichen Läuferrückzug 4. La4 nicht 4. ... Sf6, sondern irgend eine andere Fortsetzung folgt. Hier wird auch die Abtauschvariante behandelt.

ins Endspiel, um den Mehrbauern am Königsflügel auszunutzen. Virtuos spielte der zweite Weltmeister Dr. Emanuel Lasker diese Variante. Auch R. Fischer wendete sie oft an.

## a) Abtauschvariante –
## 3. ... a7–a6 4. Lb5×c6

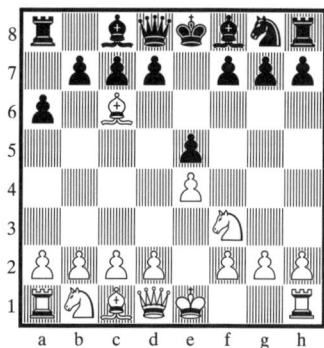

## b) Verbesserte Steinitz-Verteidigung – 3. ... a7–a6 4. Lb5–a4 d7–d6

Diese Variante ist nicht so harmlos, wie es auf den ersten Blick scheint. Nach dem Abtausch erhält Weiß vier Bauern gegen drei am Königsflügel, währenddessen die vier Bauern von Schwarz am Damenflügel sicher blockiert sind. Das Ziel des Anziehenden ist der Übergang

Im Unterschied zur Steinitz-Verteidigung (3. ... d7–d6) zwingt das Einschieben des Zuges 3. ... a6 Weiß als Antwort auf 5. d4 mit dem Bauernvorstoß 5. ... b5 zu rechnen, wodurch der Springer von der Fesselung befreit würde.

# Dritter Teil

In diesem Teil werden alle Systeme mit 4. ... Sg8–f6 außer dem Tschigorin-System behandelt.

## a) Variante 5. d2–d4

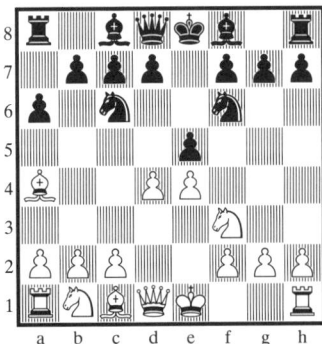

Eine sehr alte Fortsetzung, die in jüngster Zeit durch die Liebhaber eines scharfen Spiels (O. Romanischin, M. Zeitlin, N. Gaprindaschwili) eine Wiedergeburt erlebte. Weiß forciert das Spiel im Zentrum und ruft scharfe Eröffnungszusammenstöße im Geiste der offenen Spiele des vergangenen Jahrhunderts hervor. Dieses System war die Lieblingswaffe Zukertorts.

## b) Variante 5. Sc3

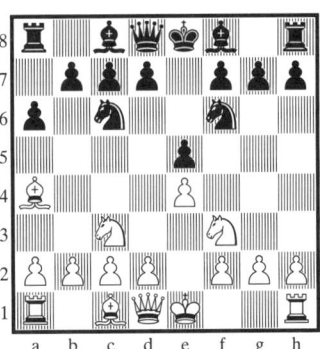

Ein System, das seinerzeit von Dr. Tarrasch als das stärkste für Weiß empfohlen wurde. Seine Idee bestand in der Schaffung der Kontrolle über den Punkt d5 und in der Organisation von Druck auf das Zentrum. Später fand man heraus, daß Schwarz den gefährlichen weißen Läufer tauschen kann und im weiteren Verlauf das Spiel ausgleicht.

## c) Variante 5. De2

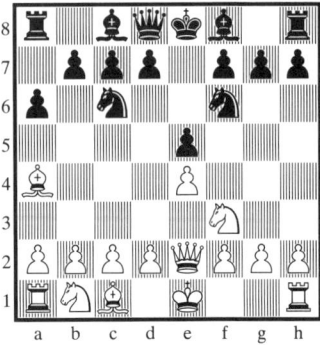

Ein seltener Fall, daß die Dame bereits in so einem frühen Partiestadium in den Kampf eingreift. In der Regel erhält Weiß eine sichere und zukunftsträchtige Stellung, aber er muß sehr genau darauf achten, daß das Spiel keinen offenen Charakter erhält. Schwarz hat zwei Hauptpläne zur Verfügung. Der erste ist mit der Entwicklung des schwarzfeldrigen Läufers nach e7 verbunden und der zweite mit dem aggressiveren Lf8–c5. Je nachdem welchen Aufbau Schwarz wählt, gestaltet Weiß sein Vorgehen. Der frühe Damenausfall macht dem Turm das Feld d1 frei, der nach dem Vorstoß d2–d4 Drohungen auf der d-Linie schafft. Außerdem verhindert 5. De2 die Möglichkeit, daß Schwarz die offene Variante wählt.

## d) Offene Variante – 5. 0–0 Sf6×e4

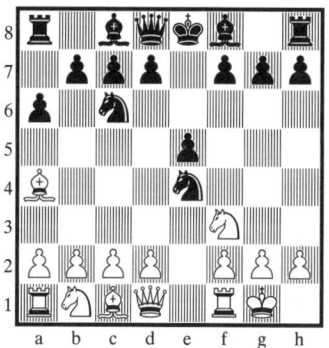

Der Hauptgedanke dieses aggressiven Systems, das auch A. Aljechin spielte, liegt in der unverzüglichen Organisierung des Figurenspiels. Aber die Stellung des Läufers auf c5 ist nicht sehr sicher. In der heutigen Zeit findet sich die Variante bei Freunden scharfer taktischer Schlachten.

Das strategische Bild dieses Systems ist nicht charakteristisch für die Spanische Partie mit ihrem festen Bauernzentrum. Die gegenseitige Vernichtung der Zentrumsbauern ermöglicht ein freies Figurenspiel. Auf Grund ihrer reichen Geschichte ging diese Variante in das Arsenal vieler hervorragender Schachspieler ein. In jüngerer Zeit wuchs das Interesse an dem Abspiel nach den neuen Ideen V. Kortschnois, die dieser im WM-Match von Baguio City (1978) anwendete.

## f) Archangelsker Variante – 5. 0–0 b7–b5 6. La4–b3 Lc8–b7

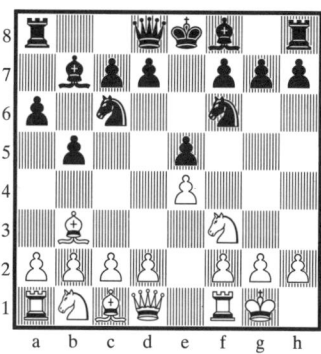

## e) Möller-System – 5. 0–0 Lf8–c5

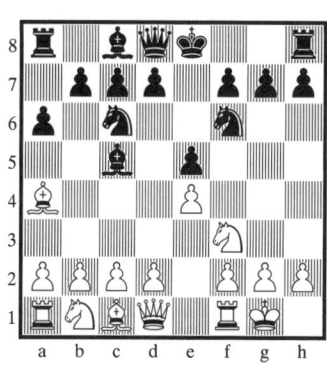

Dieses System wurde von Schachmeistern der nordrussischen Stadt Archangelsk ausgearbeitet und durch theoretische Analysen des bekannten tatarischen Großmeisters R. Neshmetdinow ergänzt. Der weißfeldrige Läufer von Schwarz nimmt sogleich das gegnerische Zentrum unter Kontrolle. In einer Variante wird auch der schwarzfeldrige Läufer aktiv auf das Feld c5 entwickelt. Der Kampf ist kompliziert und zweischneidig.

## g) Marshall-Angriff – 5. 0–0 Lf8–e7
**6. Tf1–e1 b7–b5 7. La4–b3 0–0
8. c2–c3 d7–d5**

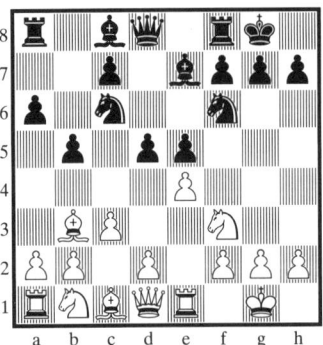

Diese Variante erhielt nach dem staubaufwirbelnden Duell zwischen Capablanca und Marshall in New York 1918 eine große Verbreitung. Mit 8. ... d5 gibt Schwarz einen Zentralbauern, aber gewinnt dafür ein wichtiges Tempo für die Mobilisierung seiner Streitkräfte und stellt rasch gefährliche Drohungen auf. Einen großen Beitrag zur Theorie der Variante leistete der estnische Großmeister P. Keres (1916 – 1975). Er wies nach, daß ein impulsiver Angriff auf den weißen König Schwarz keinen Erfolg verheißt. Zielstrebiger ist der Plan, bei dem der Nachziehende die Initiative für positionellen Druck nutzt.

# Vierter Teil

## a) Variante 9. d4 Lg4 – (5. 0–0 Lf8–e7 6. Tf1–e1 b7–b5 7. La4–b3 d7–d6 8. c2–c3 0–0 9. d2–d4 Lc8–g4)

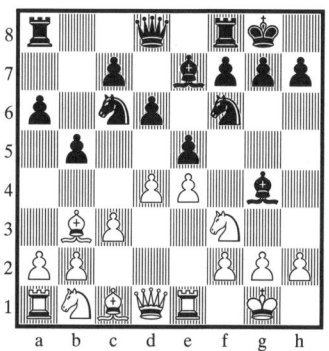

Schwarz bemüht sich, den „spanischen" Läufer abzutauschen, doch dieses Manöver ist mit einer Schwächung der weißen Felder im Zentrum verbunden, was zu einer Verstärkung des positionellen Drucks auf das Lager von Schwarz führen kann.

Indem Schwarz den Springer fesselt, schafft er Druck auf den Zentralbauern d4. Die Gambitfortsetzung 10. h3 Lf3: 11. Df3: ed 12. Dd1 verschafft Weiß schwerlich Kompensation für den Bauern.

b) Desweiteren werden Varianten betrachtet, in denen fast pflichtgemäß der prophylaktische Zug 9. h2–h3 geschieht. Schwarz hat darauf eine große Anzahl von Möglichkeiten. Die beliebtesten sind folgende Systeme:

## b1) 9. h2–h3 Lc8–e6

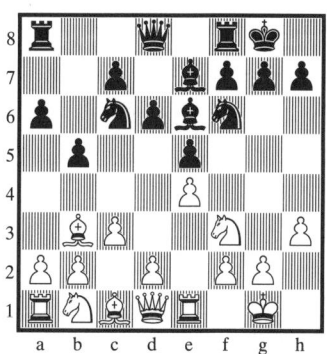

## b2) 9. h2–h3 Sf6–d7

Eine für das sogenannte Tschigorin-System typische Umgruppierung der Streitkräfte. Die Variante entwickelt sich in zwei Richtungen. Schwarz spielt 10. ... Le7–f6 und deckt zuverlässig den Bauern e5, was der Kavallerie die Möglichkeit zum freien Manövrieren eröffnet. Im Falle von 10. d4 Sb6 11. Sbd2 ed 12. cd d5 13. e5 Lf5 wird das Problem des weißfeldrigen Läufers gelöst. Beim zweiten Beispiel verfügt Weiß über die halboffene c-Linie und erhält einen bequemen Vorposten auf dem Feld c5.

## b3) 9. h2–h3 h7–h6 – Smyslow-Variante

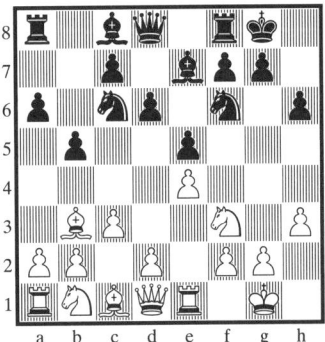

Schwarz nimmt das Feld g5 unter Kontrolle und verhindert damit den Springerausfall Sf3–g5 nebst Angriff auf den Punkt f7. Danach bringt er den Turm nach e8 und führt das Läufermanöver Le7–f8–g7 (nach dem vorbeugenden f7–f6) aus.

## b4) 9. h2–h3 Lc8–b7

Die Entwicklung des Läufers nach b7 löst noch nicht die Probleme seines aktiven Einsatzes im Spiel. Zunächst werden seine Handlungen durch den eigenen Springer c6 und den feindlichen Bauern e4 begrenzt. Als Antwort auf 10. d2–d4 hat Schwarz einen Gegenspielplan zur Verfügung, den die Großmeister A. Lilienthal und S. Flohr ausarbeiteten: 10. ... e5×d4 11. c3×d4 d6–d5 – und auch die nicht mit der Gambitfortsetzung I. Saitzews verbundene Folge 10. ... Tf8–e8.

## b5) 9. h2–h3 Sc6–b8 – Breyer-System

Dieses ungewöhnliche Springermanöver mit der Marschroute Sc6–b8–d7 wurde von dem ungarischen Schachmeister D. Breyer entwickelt, der von 1894 bis 1921 lebte. Von dem Feld d7

aus verteidigt der Springer nicht nur die zentralen Punkte, sondern kann auch für den Schutz des Königs genutzt werden und für aktive Handlungen am Damenflügel. Dabei kann der weißfeldrige Läufer nach b7 gestellt werden und erhält die Möglichkeit, auf der Diagonalen h1–a8 aktiv zu werden.

## b6) 9. h2–h3 Sc6–a5 – Tschigorin-System

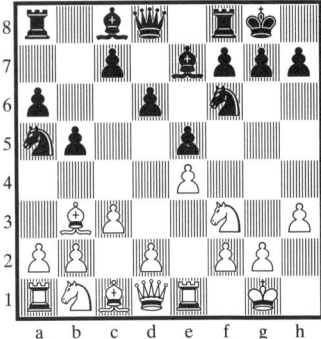

Dieses Randmanöver des Springers, das mit dem Angriff auf den Stolz von Weiß – den Läufer b3 – verbunden ist, charakterisiert eines der wichtigsten und beliebtesten Systeme der Spanischen Partie. Einen großen Beitrag zur Ausarbeitung der Variante leistete der hervorragende russische Schachmeister M. Tschigorin (1850 – 1908).

In der Regel bewahrt Weiß seinen Läufer vor dem Tausch, indem er ihn nach c2 zurückzieht, und Schwarz verwirklicht den Zentrumsvorstoß c7–c5. Diese Fortsetzung ist schon in vielen tausend Partien vorgekommen, und ihre Ausarbeitung führte die Verehrer der Eröffnung in die tiefen Strudel des spanischen Mittelspiels.

# 2  Partien

**Partie Nr. 1**
**Gligorić – Spasski**
**Amsterdam 1964**
1. e2–e4      e7–e5
2. Sg1–f3     Sb8–c6
3. Lf1–b5     Lf8–c5
Das Klassische System oder die Cordel-Verteidigung.
Eines der ältesten Systeme in der Spanischen Partie, das bereits Ende des 15. Jahrhunderts erwähnt wurde. Die Idee des Zuges 3. ... Lc5 ist, Figurendruck auf die zentralen Felder auszuüben. In den letzten Jahren erfreute sich das System keiner großen Beliebtheit, doch Fischer und besonders Spasski hatten es früher in ihrem Repertoire.
4. c2–c3
Die andere weitverbreitete Fortsetzung ist 4. 0–0, wonach oft das Manöver 4. ... Sc6–d4 folgt, das zu Vereinfachungen führt, zum Beispiel: 5. Sf3×d4 Lc5×d4 6. c2–c3 Lc5–b6 7. d2–d4 c7–c6 8. Lb5–a4 d7–d6 9. Sb1–a3 e5×d4 10. c3×d4 Sg8–e7 11. Lc1–g5 f7–f6 12. Lg5–f4 0–0 13. Sa3–c4 d7–d5 mit gleicher Stellung (Tal – Lutikow, Tbilissi 1976).
4. ...        f7–f5!?
Ein interessanter Zug, der von Weiß energisches Spiel verlangt. Als Hauptfortsetzung gilt 4. ... Sg8–f6, womit wir uns in der nächsten Partie bekannt machen.
5. d2–d4
Beachtung verdient auch das Schlagen des Bauern e4×f5, doch hier erreicht Schwarz bei genauem Spiel Ausgleich: 5. ... e5–e4 6. d2–d4 e4×f3 7. d4×c5

Dd8–e7+! 8. Lc1–e3 f3×g2 9. Th1–g1 Sg8–f6 10. Tg1×g2 0–0 11. Dd1–e2 d7–d5.
5. ...        f5×e4
6. d4×c5
Die natürlichste und sicherlich stärkste Fortsetzung. Andere Wege führen zu einem scharfen Spiel, zum Beispiel 6. Sf3×e5 Sc6×e5 7. Dd1–h5+ Se5–f7 8. Lb5–c4 Dd8–e7 9. d4×c5 Sg8–f6 10. Lc4×f7+ Kg8–f8 11. Dh5–g5 Kf8×f7 12. 0–0 b7–b6 (Suetin – Koslow, UdSSR 1979). Nach 6. Sf3–d2 Lc5–b6 7. d4–d5 verdient ein von Aljechin vorgeschlagenes Figurenopfer Aufmerksamkeit: 7. ... Sg8–f6!? 8. d5×c6 b7×c6 9. Lb5–e2 d7–d5, und die mächtige Bauernphalanx im Zentrum kompensiert vollständig die gegebene Figur.
6. ...        e4×f3
7. Dd1×f3     Dd8–e7
Als sicherer gilt 7. ... Sg8–f6. In der Regel erhält Schwarz gleiche Chancen: 8. 0–0 0–0 9. Lc1–g5 Dd8–e8 10. Sb1–d2 d7–d6.
8. Df3–h5+!?
Provoziert eine gewisse Schwächung der schwarzen Felder.
8. ...        g7–g6
9. Dh5–e2     d7–d6
Solche Bauern zu nehmen, ist äußerst gefährlich. Nach 9. ... De7×c5 10. Lc1–g5 d7–d6 11. Sb1–d2 ist nicht sichtbar, wie Schwarz seine Entwicklung vollenden soll.
10. 0–0       Sg8–f6
11. Lc1–g5    0–0
12. Sb1–d2
Besser war es, auf d6 zu schlagen.

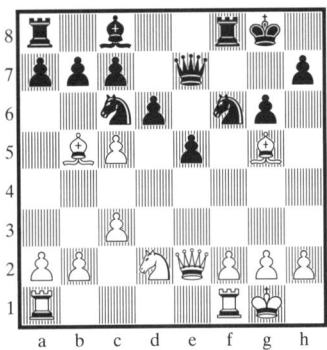

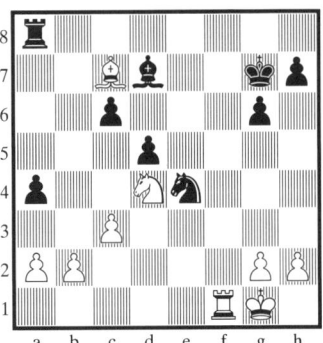

**12. ...           d6–d5!**
**13. Lb5×c6**
Eine umstrittene Fortsetzung, offensichtlich besser ist 13. b2–b4.

**13. ...           b7×c6**
**14. Sd2–f3      e5–e4**
**15. Sf3–d4      De7×c5**
**16. f2–f3**

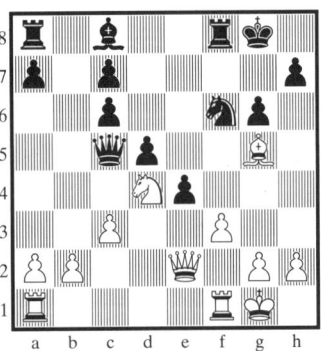

**16. ...           a7–a5!**
Stellt in Zweifel, ob die Idee von Weiß korrekt ist.

**17. De2–f2      Dc5–d6**
**18. f3×e4        Sf6×e4**
**19. Df2×f8+     Dd6×f8**
**20. Tf1×f8+     Kg8×f8**
**21. Ta1–f1+     Kf8–g7**
**22. Lg5–f4      Lc8–d7**
**23. Lf4×c7      a5–a4!**

**24. a2–a3?**
Eine nicht zu rechtfertigende Schwächung des Punktes b2. Besser war 24. Sd4–c2.

**24. ...           c6–c5!**
**25. Sd4–f3      Ld7–b5**
**26. Tf1–d1      Lb5–c4**
**27. Lc7–f4      Kg7–f6**
**28. h2–h4       Kf6–f5!**
Vertreibt den Läufer von seiner aktiven Position und nimmt die b-Linie in Besitz.

**29. Lf4–c1      Ta8–b8**
**30. Td1–e1      h7–h6**
**31. Sf3–h2      h6–h5**
**32. Sh2–f3      Tb8–b7**
**33. Sf3–g5      Se4×g5**
**34. h4×g5       d5–d4!**
Schwarz erhielt eine Gewinnstellung und realisierte exakt seinen Vorteil bis zum Sieg im 57. Zug.

**Partie Nr. 2**
**Dely – Smyslow**
**Szolnok 1975**
**1. e2–e4        e7–e5**
**2. Sg1–f3       Sb8–c6**
**3. Lf1–b5       g7–g6**
Diese Fortsetzung kam erstmals in der Partie Loyd – From (Paris 1867) vor. Sie nahm einen gebührenden Platz in der

Praxis der Weltmeister W. Steinitz, A. Aljechin und W. Smyslow ein.

**4. d2−d4**

Der andere, viel gebräuchlichere Zug ist 4. c2−c3. Jetzt führt 4. ... a7−a6 5. Lb5−a4 d7−d6 6. d2−d4 Lc8−d7 7. 0−0 Lf8−g7 zur verbesserten Steinitz-Verteidigung (siehe Partien Nr. 13 und 14).

Nach 4. ... d7−d6 5. d2−d4 Lc8−d7 6. d4×e5 d6×e5 7. Dd1−e2 Lf8−g7 8. Lc1−e3 Sg8−e7 9. Sb1−d2 a7−a6 10. Lb5−c4 Dd8−c8 11. 0−0 0−0 12. b2−b4 besitzt Weiß leichte Initiative (Tal − Smyslow, Biel 1976).

**4. ... e5×d4**

Das häufig vorkommende 4. ... Sc6×d4 5. Sf3×d4 e5×d4 6. Dd1×d4 Dd8−f6 gibt Weiß das etwas bessere Endspiel: 7. e4−e5 Df6−b6 8. Dd4×b6 oder eröffnet Angriffsmöglichkeiten: 8. Dd4−d3 c7−c6 9. Lb5−c4 Db6−a5+ 10. Sb1−c3 Da5×e5+ 11. Lc1−e3 d7−d5 12. 0−0−0! (Saizew − Sutejew, UdSSR 1968).

**5. Lc1−g5**

Die Folge 5. Sf3×d4 Lf8−g7 6. Lc1−e3 Sg8−f6 7. Sb1−c3 0−0 bringt Schwarz keinerlei Probleme.

**5. ... f7−f6**

Nicht schlecht erscheint auch 5. ... Lf8−e7 6. Lg5×e7 Sg8×e7 7. Sf3×d4 d7−d5 8. Sb1×c3 d5×e4 9. Sc3×e4 0−0 mit guten Ausgleichschancen. Der Zug 6. h2−h4 führt nach 6. ... h7−h6 7. Lg5−f4 Sg8−f6 8. Sf3×d4 Sf6×e4 9. 0−0 Le7×h4! 10. Dd1−d3 Se4−d6 (Analyse Akopjans) schwerlich zu weißer Überlegenheit. Es ist keine ausreichende Kompensation für den Bauern zu erkennen.

**6. Lg5−h4 Lf8−g7**
**7. Sf3×d4**

In einer der jüngsten Partien mit dieser Variante (Nunn − Davis, Hastings 1987/88) spielte Weiß 7. 0−0 mit dem Ziel, nach 7. ... Sg8−e7 8. Lb5−c4 Sc6−a5 das Feld d4 für die Dame zu reservieren −

9. Dd1×d4. Weiter folgte 9. ... Se7−c6 10. Dd4−d5 Sa5×c4 11. Dd5×c4 d7−d6 12. Sb1−c3 Lc8−g4 13. Sf3−d4!? Sc6×d4 14. Dc4×d4 0−0 15. f2−f4, und Weiß erhielt ernsthaftes Übergewicht. Hätte Schwarz aber 14. ... g6−g5! gezogen, wäre die Stellung nach 15. Lh4−g3 (nicht 15. Lh4×g5? wegen 15. ... c7−c5 16. Dd4−a4+ Lg4−d7 17. Sd4−b5 Dd8−b6 mit Gewinn für Schwarz) 15. ... h7−h5 16. h2−h3 Lg4−e6 etwa gleich gewesen.

**7. ... Sg8−e7**
**8. Lb5−c4 Sc6−a5!**

Vertreibt den Läufer von seinem aktiven Feld.

**9. Lc4−e2 d7−d5**
**10. e4×d5 Se7×d5**
**11. Dd1−d2**

Offensichtlich genauer ist 11. 0−0.

**11. ... c7−c5**
**12. Sd4−b3 Sa5×b3**
**13. a2×b3 0−0**
**14. 0−0**

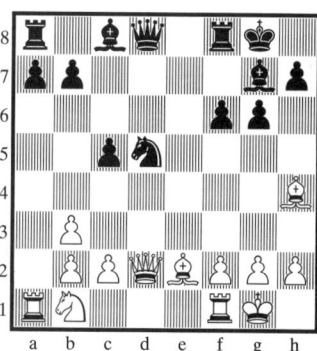

**14. ... Sd5−b4!**
**15. c2−c3 Sb4−c6**
**16. Lh4−g3**

Weiß sucht nicht das Endspiel, wo die Chancen von Schwarz nicht geringer sind. Was den Zug 16. Dd2−e3 angeht, so kann dieser zu einer interessanten Variante führen: 16. ... Tf8−e8 17. Le2−c4+

Kg8–h8 18. De3×c5 Te8–e5 19. Dc5–a3
Te5–a5, und die weiße Dame ist gefangen.

| | | |
|---|---|---|
| 16. | ... | Lc8–e6 |
| 17. | Lg3–d6 | Tf8–e8 |
| 18. | Ld6×c5 | Le6×b3 |
| 19. | Lc5–e3 | a7–a6 |
| 20. | Dd2–c1 | |

Sehr passiv, besser war 20. Ta1–a3, um
den feindlichen Läufer zurückzudrängen.

| | | |
|---|---|---|
| 20. | ... | f6–f5 |
| 21. | Sb1–d2 | Lb3–d5 |
| 22. | Le2–f3 | Sc6–e5 |
| 23. | Lf3×d5 | Dd8×d5 |
| 24. | Tf1–d1 | |

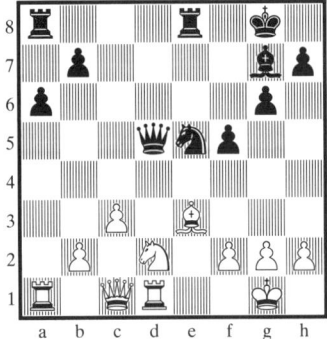

Genauer ist 24. Dc2.

| | | |
|---|---|---|
| 24. | ... | f5–f4! |
| 25. | Sd2–f1 | Dd5–b5 |
| 26. | Le3×f4 | Se5–d3 |
| 27. | Dc1–d2 | Sd3×b2 |

Mit feinen Manövern und energischen
Handlungen gelang es Schwarz, leich-
ten Vorteil zu erhalten, aber bis zum Ge-
winn ist es noch sehr weit.

| | | |
|---|---|---|
| 28. | Ta1–b1 | Te8–e2 |
| 29. | Dd2–c1 | Db5–c5! |
| 30. | Lf4–e3 | Te2×e3 |
| 31. | Dc1×b2 | Te3–e7 |
| 32. | Sf1–e3 | Ta8–f8 |

Der Bauer c3 ist noch nicht zu nehmen.
Auf 32. ... Lg7×c3 folgt 33. Db2–b3+
und 34. Se3–d5.

| | | |
|---|---|---|
| 33. | Td1–d3 | Te7–f7 |
| 34. | Tb1–d1 | b7–b5! |

Der Tausch der Dame gegen zwei
Türme würde nur Weiß nützen.

| | | |
|---|---|---|
| 35. | Td1–d2 | Lg7–h6! |

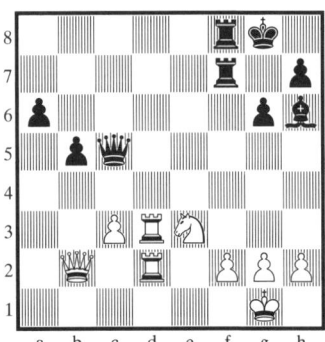

Stellt die gefährliche Drohung Tf7×f2!
auf.

| | | |
|---|---|---|
| 36. | Db2–b3 | Kg8–h8 |
| 37. | Db3–e6 | Tf7–e7 |
| 38. | De6–h3 | |

Nicht aber 38. De6×a6 wegen
38. ... Te7×e3!.

| | | |
|---|---|---|
| 38. | ... | Lh6×e3 |
| 39. | f2×e3 | Te7–f7 |
| 40. | g2–g3 | Dc5–c4 |

Weiß gab auf, denn es gibt keine Ver-
teidigung gegen den Vormarsch des
schwarzen a-Bauern.

**Partie Nr. 3**

**Ehlvest – Lalić**

**Saint John 1988**

| | | |
|---|---|---|
| 1. | e2–e4 | e7–e5 |
| 2. | Sg1–f3 | Sb8–c6 |
| 3. | Lf1–b5 | Sc6–d4 |

Dieser Zug wurde vor mehr als 100 Jah-
ren vom englischen Schachmeister
G. Bird in die Turnierpraxis eingeführt.

Schwarz läßt die Bauernverdoppelung zu, aber erschwert damit die Entwicklung des weißen Damenflügels.

**4. Sf3×d4**

Ein Rückzug des Läufers verheißt keine Aussichten auf Eröffnungsvorteil. In der Fernpartie Godes – M. Zeitlin (1988) geschah 4. Lb5–c4 Sg8–f6 5. c2–c3 Sd4×f3+ 6. Dd1×f3 c7–c6 7. Df3–e2 Lf8–e7 8. d2–d4 d7–d6 9. 0–0 0–0 10. d4×e5 d6×e5 mit gleicher Stellung.

**4. ...          e5×d4**

**5. 0–0**

Nichts bringt 5. Dd1–h5 wegen 5. ... Sg8–f6! 6. Dh5–e5+ Dd8–e7. Interessanter ist 5. Lb5–c4 Sg8–f6 6. Dd1–e2 d7–d6 7. c2–c3 d4×c3 8. Sb1×c3 Lf8–e7 9. 0–0 c7–c6 10. d2–d4 0–0 11. e4–e5 d6×e5 12. d4×e5 Sf6–d5 13. Tf1–d1, und Weiß besitzt die etwas freiere Stellung.

**5. ...          Lf8–c5**

Als Hauptfortsetzung gilt 5. ... c7–c6 (siehe Partie Nr. 4).

**6. Lb5–c4**

Gewöhnlich wird 6. d2–d3 gespielt mit der Möglichkeit, nach 6. ... Sg8–e7 7. Lc1–g5 0–0 8. Dd1–h5 c7–c6 9. Lb5–c4 d7–d6 10. Sb1–d2 eine Angriffsstellung am Königsflügel zu besitzen.

**6. ...          d7–d6**

**7. c2–c3        Sg8–e7**

**8. c3×d4        Lc5×d4**

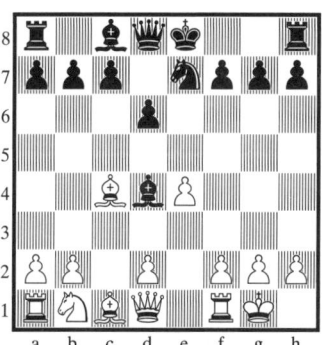

**9. Dd1–a4+!?    Se7–c6**

**10. Lc4–b5      Ld4–f6!?**

**11. Lb5×c6+**

Nichts am Wesen der Sache ändert 11. d2–d4 0–0 12. La4×c6 b7×c6 13. Da4×c6, und nun hat Schwarz nach 13. ... Ta8–b8 14. Dc6–c4 d6–d5 15. e4×d5 Dd8–d6! ausreichende Kompensation.

**11. ...         b7×c6**

**12. Da4×c6+     Lc8–d7**

**13. Dc6–c2      0–0**

**14. d2–d3       d6–d5!**

Der einzige Zug.

**15. Sb1–c3**

Klar besser war 15. e4×d5.

**15. ...         d5×e4?!**

**16. d3×e4       Ld7–c6**

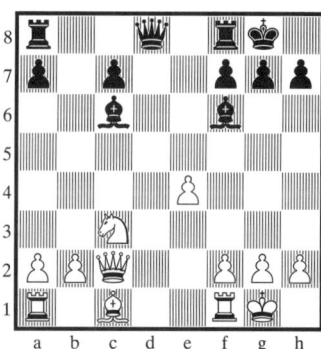

**17. Sc3–e2?**

Eine unglückliche Fortsetzung. Stärker war 17. Lc1–e3 Lf6×c3 18. b2×c3 Tf8–e8 19. f2–f3 f7–f5 20. Dc2–b3+ Kg8–h8 21. Le3–d4! oder 17. Tf1–d1 Dd8–e8 18. Sc3–d5 mit ernsthaften Chancen, das Übergewicht zu realisieren.

**17. ...         Dd8–e8**

**18. f2–f3       Lc6–b5?**

Eine Ungenauigkeit, unangenehm für Weiß war 18. ... Lb5–a4 19. Dc2×c7 De8–b5.

**19. Lc1–e3      Ta8–b8**

## 20. Tf1–b1

Dieses Manöver ist etwas ungeschickt, der natürliche Zug in der Lage war Ta1–b1, doch Weiß befürchtete, daß sein Bauer a2 dann ungenügend geschützt sei, und außerdem wollte er die Fesselung des Springers e2 aufheben.

| | | |
|---|---|---|
| 20. | ... | Lb5–a4 |
| 21. | Dc2–c1 | La4–b5 |
| 22. | Se2–f4 | De8–c6 |
| 23. | Dc1–e1 | Lb5–c4 |
| 24. | De1–f2 | Lf6–e5 |

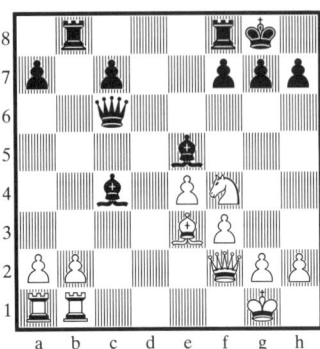

## 25. b2–b3!?

Weiß versucht, das Spiel zu beleben.

| | | |
|---|---|---|
| 25. | ... | Le5×a1 |
| 26. | Tb1×a1 | Lc4–e6 |
| 27. | Ta1–c1 | Dc6–d6 |
| 28. | Sf4–h5?! | Tf8–d8 |
| 29. | h2–h3 | |

Schwach ist 29. Le3×a7 wegen 29. ... Dd6–d1+ 30. Tc1×d1 Td8×d1+ 31. Df2–f1 Td1×f1+ 32. Kg1×f1 Tb8–a8; auch 29. Df2–b2 f7–f6 30. Le3×a7 Tb8–b5! bringt Weiß nichts ein.

| | | |
|---|---|---|
| 29. | ... | Tb8–b5 |
| 30. | Sh5–g3 | a7–a5 |
| | **Remis** | |

## Partie Nr. 4

**OII – Guseinow**

**Klaipeda 1988**

| | | |
|---|---|---|
| 1. | e2–e4 | e7–e5 |
| 2. | Sg1–f3 | Sb8–c6 |
| 3. | Lf1–b5 | Sc6–d4 |
| 4. | Sf3×d4 | e5×d4 |
| 5. | 0–0 | c7–c6 |
| 6. | Lb5–c4 | |

W. Smyslow spielte mit Erfolg 6. Lb5–a4. Hier bekommt Schwarz gewisse Schwierigkeiten, das unterstreicht auch die moderne Turnierpraxis: 6. ... g7–g6 7. d2–d3 Lf8–g7 8. c2–c3 Sg8–e7 9. c3×d4 Lg7×d4 10. Sb1–d2 0–0 11. Dd1–g4 f7–f5 12. Dg4–e2 d7–d5 13. Sd2–f3 mit leichtem Vorteil für Weiß (Nijboer – Flear, Wijk aan Zee 1988) oder 6. ... Sg8–f6 7. c2–c3 d4–d3 8. e4–e5 Sf6–e4 9. Dd1–f3 Se4–c5 10. La4–d1 d7–d6 11. b2–b4 Sc5–e6 12. Df3×d3 d6×e5 13. Dd3×d8+ Ke8×d8 14. d2–d3 g7–g5 15. Tf1–e1 f7–f6 16. Sf1–d2 Kd8–c7 16. Sd2–e4, und Weiß steht besser (Balaschow – Guseinow, Klaipeda 1988).

| | | |
|---|---|---|
| 6. | ... | d7–d5 |

Als beste Fortsetzung wird 7. ... Sg8–f6 angesehen, und danach ist es nach 7. Dd1–e2 d7–f6 ungünstig für Weiß, mit 8. e4–e5 d6×e5 9. De2×e5+ Lf8–e7 10. Tf1–e1 fortzufahren (wie es in der entscheidenden Partie bei der 17. Meisterschaft der UdSSR, 1949, zwischen Geller und Cholmow geschah), und zwar wegen 10. ... b7–b5! 11. Lc4–b3 a7–a5 12. a2–a4 Ta8–a7! mit ausgezeichnetem Spiel von Schwarz.

| | | |
|---|---|---|
| 7. | e4×d5 | c6×d5 |
| 8. | Lc4–b5+ | Lc8–d7 |

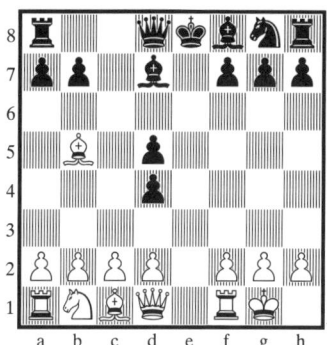

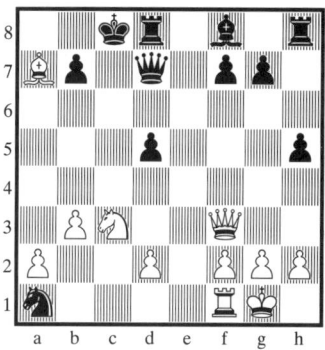

**9. Dd1–e2+**

In der Regel wird an dieser Stelle 9.Tf1–e1+ Sg8–e7 10. Lb5×d7+ Dd8×d7 11. Dd1–h5 gespielt, und nun folgte in der Partie Rosentalis – Guseinow (1988) der neue Zug 11. ... 0–0–0!?, aber nach 12. Dh5×f7 Se7–c6 13. Df7×d7+ Kc8×d7 14. d2–d3 hatte Schwarz es nicht leicht, das Endspiel zu retten.

| 9. | ... | Sg8–e7 |
|----|-----|--------|
| 10. | b2–b3 | Ld7×b5 |
| 11. | De2×b5+ | Dd8–d7 |
| 12. | Db5–d3 | 0–0–0?! |

Schwarz versucht, den Kampf zu komplizieren, mehr Chancen jedoch verhieß 12. ... Se7–c6 13. Lc1–b2 Lf8–e7 14. Lb2×d4 oder 12. ... Dd7–f5!? 13. Dd3×d4 Se7–c6 14. Dd4–e3+ Lf8–e7 15. Lc1–b2 0–0 16. d2–d3 Le7–f6.

| 13. | Lc1–b2 | Se7–c6 |
|----|--------|--------|
| 14. | Lb2×d4 | h7–h5 |

Um den Turm am Königsflügel ins Spiel zu bringen, aber die Lage von Schwarz ist schon sehr schwierig.

| 15. | Sb1–c3! | Sc6–b4 |
|----|---------|--------|
| 16. | Dd3–f3 | Sb4×c2 |
| 17. | Ld4×a7 | Sc2×a1 |

| 18. | Sc3×d5!! | Th8–h6 |
|----|----------|--------|
| 19. | Tf1–c1+ | Th6–c6 |
| 20. | Sd5–b6+ | Kc8–c7 |
| 21. | Tc1×c6+ | Dd7×c6 |
| 22. | Df3×f7+ | Td8–d7 |

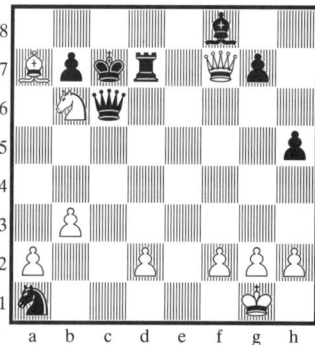

Es entsteht der Eindruck, daß die weiße Attacke im Sande verlief, nun aber folgt ein unerwartetes Manöver.

| 23. | Sb6–a8+! | Kc7–d6 |
|----|----------|--------|
| 24. | La7–b8+! | Kd6–c5 |
| 25. | Df7–c4 matt. | |

Eine prachtvolle Stellung!

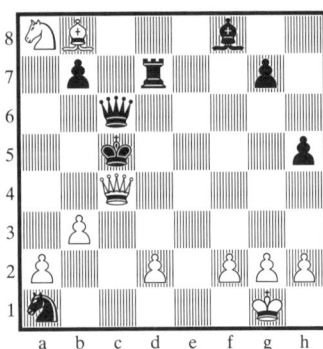

*Schlußstellung der Partie Nr.4*

## Partie Nr. 5
### Karpow – M. Zeitlin
### Leningrad 1971

1. e2–e4 e7–e5
2. Sg1–f3 Sb8–c6
3. Lf1–b5 f7–f5

Das einst populäre Jänisch-Gambit.

4. Sb1–c3

Der stärkste Zug, doch auch 4. d2–d4 (siehe Partie Nr. 7) und 4. d2–d3 sind ohne Zweifel interessante Fortsetzungen, zum Beispiel 4. d2–d3 Sg8–f6 5. e4×f5 Sc6–e7 6. 0–0 c7–c6 7. Lb5–c4 d7–d6 8. Tf1–e1 Lc8×f5 9. Lc1–g5 Dd6–d7 10. Sb1–c3 h7–h6 11. Lg5×f6 g7×f6 12. d3–d4 e5–e4 13. Sf3–h4 d6–d5 14. Lc4–e2 Lf5–e6 15. Le2–h5+ Ke8–d8 16. f2–f3 f6–f5 mit unklarem Spiel, Kindermann – Ginen (Saloniki 1988).

4. ... Sc6–d4

Dieses Manöver wurde von Réti vorgeschlagen, und bulgarische Schachmeister haben seine Folgen analysiert.

5. Lb5–a4

Gilt als beste Erwiderung auf den schwarzen Springerausfall. Keinen Vorteil erreicht Weiß nach 5. e4×f5 Sd4×b5 6. Sc3×b5 d7–d6 7. d2–d4 e5–e4

8. Sf3–g5 Lc8×f5 9. f2–f3 Dd8–d7! Auch 5. Sf3×e5 Dd8–f6! 6. Se5–f3 Sd4×b5 7. Sc3×b5 f5×e4 8. Dd1–e2 Df6–e7 9. Sf3–d4 d7–d6 10. 0–0 Sg8–f6 11. d2–d3 a7–a6 12. Sb5–c3 Lc8–g4 13. f2–f3 e4×f3 14. De2–f2 0–0–0 (Bobolowitsch – Nikitin, UdSSR 1963).

5. ... Sg8–f6
6. Sf3×e5

Elastischer ist 6. 0–0. Jetzt wäre 6. ... f5×e4 ungünstig wegen 7. Sf3×d4 e5×d4 8. Sc3×e4 Sf6×e4 9. Dd1–h5+ g7–g6 10. Dh5–e5+, und auf 6. ... Lf8–c5 7. Sf3×e5 0–0 spielt Weiß gewöhnlich 8. e4×f5 d7–d5 9. Sc3–e2, wonach es Schwarz nicht leichtfallen dürfte nachzuweisen, ob er nun Kompensation für den Bauern besitzt.

6. ... f5×e4
7. 0–0 Lf8–c5

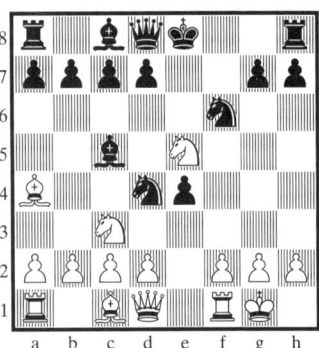

8. Sc3×e4!?

Ein kühner Zug, der zu Verwicklungen führt. A. Suetin empfiehlt das ruhige 8. d2–d3! e4×d3 9. Dd1×d3 mit etwas besseren Chancen für Weiß.

8. ... Sf6×e4
9. Dd1–h5+ g7–g6
10. Se5×g6 Se4–f6

Nach einer Analyse Boleslawskis beschwört 10. ... Dd8–g5! 11. Dh5×g5 Se4×g5 12. Tf1–e1+ Sg5–e6 13. Sg6×h8

24

b7–b5! Verwicklungen herauf, die nicht ungünstig für Schwarz sind.
**11. Dh5–e5+**
Aufmerksamkeit verdient auch das einfache 11. Dh5×c5 Sd4–e6 12. Dc5–e5. Auf 11. ... Sd4–e2+ 12. Kg1–h1 h7×g6 folgt 13. Dc5–e5+ Dd8–e7 14. De5×e7+ Ke8×e7 15. Tf1–e1. Auch 11. ... Sd4–f3+ hilft wegen 12. Kg1–h1! nicht.

| | |
|---|---|
| **11. ...** | **Lc5–e7** |
| **12. Sg6×h8** | |

Die andere Möglichkeit ist 12. Sg6×e7 Sd4–f3+ 13. g2×f3, und die Partie geht in ein Endspiel mit weißem Materialvorteil über. Karpow aber will mehr aus der Stellung herausholen.

| | |
|---|---|
| **12. ...** | **b7–b5** |
| **13. De5×d4** | **b5×a4** |
| **14. Tf1–e1** | **Kg8–f8** |
| **15. d2–d3** | **Ta8–b8** |

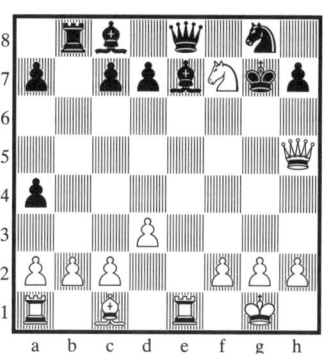

| | | |
|---|---|---|
| **19.** | **Lc1–h6+** | **Sg8×h6** |
| **20.** | **Dh5×h6+** | **Kg7×f7** |
| **21.** | **Dh6×h7+** | **Kf7–f8** |
| **22.** | **Te1–e3** | **Tb8–b6** |
| **23.** | **Te3–g3** | |

**Schwarz gab auf.**

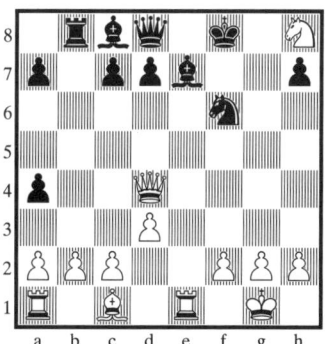

**16. Dd4–e5!**
Mit der Drohung 17. Lc1–h6+ und Figurengewinn.

| | | |
|---|---|---|
| **16.** | **...** | **Sf6–g8** |
| **17.** | **De5–h5** | **Kf8–g7** |
| **18.** | **Sh8–f7** | **Dd8–e8** |

Es entsteht der Eindruck, daß es um Schwarz gar nicht so schlecht bestellt ist, aber Karpow findet eine sehr einfache Lösung.

**Partie Nr. 6**
**Georgiew – Inkjow**
**Bulgarien 1988**

| | | |
|---|---|---|
| **1.** | **e2–e4** | **e7–e5** |
| **2.** | **Sg1–f3** | **Sb8–c6** |
| **3.** | **Lf1–b5** | **f7–f5** |
| **4.** | **Sb1–c3** | **f5×e4** |
| **5.** | **Sc3×e4** | **d7–d5** |

In jüngster Zeit kommt 5. ... Sg8–f6 häufig vor, und nach 6. Se4×f6+ Dd8×f6 ist jetzt 7. Dd1–e2 Lf8–e7!? 8. Lb5×c6 d7×c6 9. De2×e5 Lc8–g4 10. De5×f6 Le7×f6 11. c2–c3 c6–c5! möglich, und Schwarz besitzt für den Bauern Kompensation oder 7. 0–0 Sc6–d4 8. Sf3×d4 e5×d4 9. Tf1–e1+ Lf8–e7 10. Dd1–e2 mit weißer Überlegenheit.

**6. Sf3×e5**

Ruhiger ist 6. Se4–g3 Lc8–g4, und nach 7. h2–h3 Lg4×f3 8. Dd1×f3 verfügt Weiß über den Vorteil des Läuferpaares, wogegen Schwarz ein bewegliches Bauernzentrum besitzt.

**6. ...    d5×e4**
**7. Se5×c6    Dd8–g5?!**

Dieser Zug hat bei den Theoretikern keinen guten Ruf. Als stärkste Fortsetzung für Schwarz gilt 7. ... Dd8–d5 8. c2–c4 Dd5–d6 9. Sc6×a7+ Lc8–d7 10. Lb5×d7+ Dd6×d7 11. Dd1–h5+ g7–g6 12. Dh5–e5+ Ke8–f7 13. Sa7–b5 c7–c6 14. De5–d4, und hier bringt 14. ... Dd7×d4 15. Sb5×d4 Lf8–g7 sicher gewisse Kompensation für die geopferten Bauern.

**8. Dd1–e2    Sg8–f6**
**9. f2–f4    Dg5×f4**

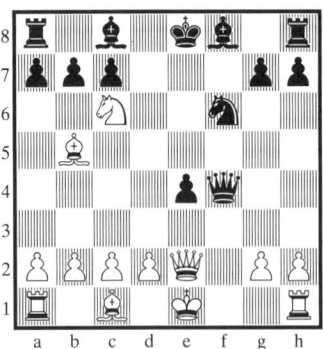

Ein riskanter Zug, doch auch nach 9. ... Dg5–h4+ 10. g2–g3 Dh4–h3 11. Sc6–e5+ c7–c6 12. Lb5–c4 steht Weiß klar besser.

**10. d2–d4?**

Besser ist 10. Sc6×a7+ Ke8–d8 11. Sa7×c8 und erst dann 12. d2–d4.

**10. ...    Df4–d6**
**11. Sc6×a7+?**

Hier war es noch nicht zu spät, 11. Sc6–e5 c7–c6 12. Lb5–c4 zu spie-

len, und nach 12. ... Dd6×d4 13. Lc1–f4 Dd4×b2 14. 0–0 hat der Anziehende Angriffsaussichten.

**11. ...    c7–c6**
**12. Sa7×c8**

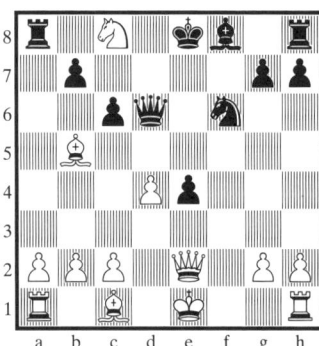

**12. ...    Dd6–b4+!**

Eine Überraschung, doch die Dame kommt noch rechtzeitig.

**13. c2–c3    Db4×b5**
**14. De2×b5    c6×b5**
**15. a2–a4**

Weiß kann sich schwerlich mit dem Figurenverlust zufriedengeben, aber auf 15. Sc8–b6 folgt 15. ... Ta8–a6.

**15. ...    Ta8×c8**
**16. a4×b5    Lf8–d6**
**17. Ta1–a7    0–0!**
**18. Ta7×b7    Sf6–g4**
**19. Th1–f1**

Formell hat Weiß völligen materiellen Ausgleich für die verlorene Figur, doch die Initiative ist total in den Händen von Schwarz.

Auch 19. h2–h3 bringt wegen 19. ... Sg4–f2 20. Th1–f1 Sf2–d3+ 21. Ke1–e2 Tf8×f1 22. Ke2×f1 Sd3×c1 keine Rettung für den Anziehenden.

**19. ...    Ld6×h2**
**20. Tf1×f8+    Tc8×f8**
**21. Tb7–e7**

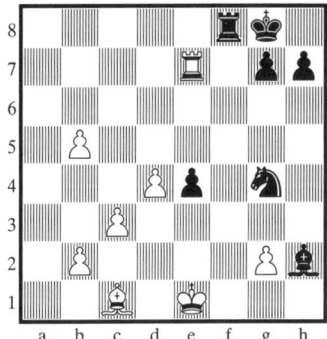

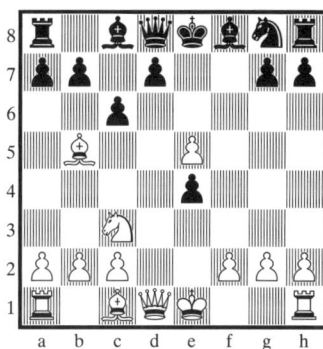

Weiß hofft auf die Verschärfung des Spiels nach 21. ... Lh2–g3+ 22. Ke1–e2 Tf8–f2+ 23. Ke2–d1 Tf2×g2 24. b5–b6, doch Schwarz zieht genau.

| 21. | ... | Tf8–f2! |
|---|---|---|
| 22. | Te7×e4 | Tf2×g2 |
| 23. | Lc1–d2 | Lh2–g3+ |
| 24. | Ke1–f1 | Tg2–f2+ |
| 25. | Kf1–g1 | Sg4–h2! |

Weiß gab auf.

**Partie Nr. 7**
**Chalifman – Glek**
**Leningrad 1985**

| 1. | e2–e4 | e7–e5 |
|---|---|---|
| 2. | Sg1–f3 | Sb8–c6 |
| 3. | Lf1–b5 | f7–f5 |
| 4. | d2–d4!? | |

Eines der schärfsten Systeme der Spanischen Partie.

| 4. | ... | f5×e4 |
|---|---|---|
| 5. | Sf3×e5 | Sc6×e5 |
| 6. | d4×e5 | c7–c6 |
| 7. | Sb1–c3!? | |

Andere Fortsetzungen führen unzweifelhaft zur Überlegenheit von Schwarz, zum Beispiel: 7. Lb5–c4 Dd8–a5+ 8. Sb1–d2 Da5×e5 9. Lc4×g8 Th8×g8 10. Dd1–e2 d7–d5 11. f2–f3 Lc8–e6 (Cholmow – Bronstein, UdSSR 1948).

| 7. | ... | c6×b5 |
|---|---|---|
| 8. | Sc3×e4 | d7–d5 |
| 9. | e5×d6 | Sg8–f6 |
| 10. | Dd1–d4 | |

Der gebräuchlichste Zug. Hin und wieder kommt 10. 0–0 vor, was nach 10. ... Sf6×e4 11. Dd1–h5+ g7–g6 12. Dh5–e5+ Ke8–f7 13. De5×h8! Dd8–f6 14. Dh8×h7+ Lf8–g7 zu einer äußerst scharfen Stellung führt.

| 10. | ... | Lf8–e7 |
|---|---|---|
| 11. | Lc1–g5 | |

Die andere Fortsetzung 11. Lc1–f4 0–0 12. Lf4–e5! Lc8–f5 13. d6×e7 Dd8×e7 14. Se4–d6 Sf6–g4 ergibt ein unklares Spiel.

| 11. | ... | Lc8–f5! |
|---|---|---|
| 12. | 0–0–0 | |

Noch ein Figurenopfer!

| 12. | ... | Lf5×e4 |
|---|---|---|
| 13. | Th1–e1! | |

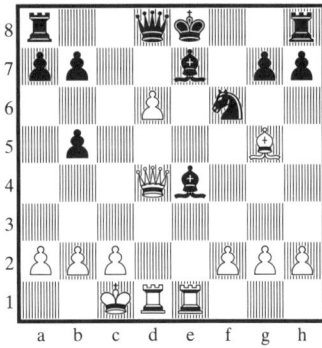

Nach diesem stillen Zug bleibt Schwarz nichts anderes übrig als Material zurückzugeben.

| | |
|---|---|
| 13. ... | Dd8×d6 |
| 14. Dd4×d6 | Le7×d6 |
| 15. Td1×d6 | 0-0 |
| 16. Lg5×f6 | Le4×g2 |
| 17. Te1-g1 | Tf8×f6 |
| 18. Td6×f6 | g7×f6 |
| 19. Tg1×g2+ | Kg8-f7 |
| 20. Tg2-g3 | Ta8-c8 |
| 21. Kc1-d2 | |
| Remis | |

Partie Nr. 8
Lanka – Malanjuk
Odessa 1988

| | |
|---|---|
| 1. e2-e4 | e7-e5 |
| 2. Sg1-f3 | Sb8-c6 |
| 3. Lf1-b5 | Sg8-f6 |
| 4. 0-0 | Lf8-c5 |
| 5. c2-c3 | |

Mit Zugumstellung ist eine gut bekannte Stellung entstanden. Sehr häufig kam der Zug 5. Sf3×e5 vor, doch nach 5. ... Sf6×e4 6. Dd1-e2 Sc6×e5 7. De2×e4 Dd8-e7 8. d2-d4 Se5-c6 steht Schwarz sehr sicher: 9. De7:+ Le7: 10. c3 a6 11. Ld3 d6 12. Te1 Le6 13. f4 0-0 14. f5 Ld7 15. Lf4 Tac8 16. Sd2 Ld8 (Kotronias – Skembris, Istanbul 1988).

Nichts bringt Weiß die Folge 5. Lb5×c6 d7×c6 6. Sf3×e5 Sf6×e4 7. Dd1-e2 Dd8-d5 8. d2-d4?! Lc5×d4 9. Se5-f3 Lc8-e6 10. c2-c4 Dd5×c4 11. De2×c4 Ld4×f2+ 12. Tf1×f2 Le6×c4 13. Sb1-c3 Se4×f2 14. Kg1×f2 0-0-0, und Schwarz besitzt Vorteil.

**5. ...          Sf6×e4?!**

Dieses Manöver hat keinen sehr guten Ruf. Solider ist 5. ... 0-0 6. d4 Lb6 7. Lg5 h6 8. Lh4 d6 9. a4 a5 10. Te1 Lg4 11. Lc6: bc 12. de de 13. Dd8: Tad8: 14. Se5 g5 15. Lg3 h5 16. Sc6 Tde8 17. Le5 Se4 18. Ld4 Ld7 19. Lb6: cb 20. Sd4 Sc5. Remis (Jonsson – Winants).

**6. d2-d4**

Eine neue Fortsetzung. Laut Theorie kommt Weiß nach 6. Dd1-e2 f7-f5 7. d2-d3 deutlich in Vorteil.

| | |
|---|---|
| 6. ... | e5×d4 |
| 7. c3×d4 | Lc5-e7 |
| 8. d4-d5 | |

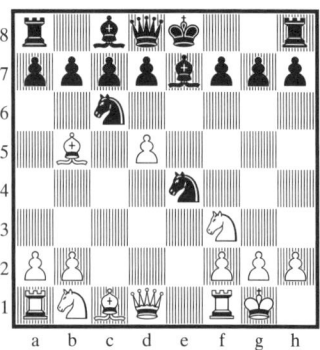

**8. ...          Se4-d6!?**

Unangenehm für Schwarz ist es, 8. ... Sc6-b8 zu spielen und nach 9. Tf1-e1 Se4-d6 10. Lb5-d3 einen blockierten Damenflügel zu haben.

| | |
|---|---|
| 9. Lb5-a4 | Sc6-a5 |
| 10. Lc1-f4 | 0-0 |
| 11. Sb1-d2 | b7-b6 |

Der schlafende Springer muß irgendwie ins Spiel gebracht werden.

| 12. | Ta1–c1 | Sa5–b7 |
| 13. | Tf1–e1 | Sb7–c5 |
| 14. | La4–c2 | a7–a5 |

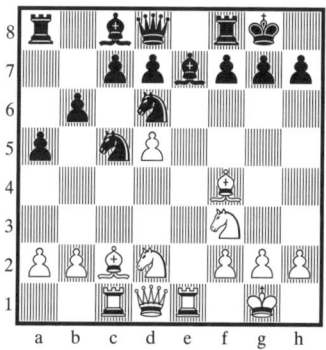

Schwarz spürt die über ihm schwebende Gefahr nicht, doch seine Lage ist bereits schwer. Unbedingt notwendig war es, die Diagonale mittels 14. ... f7–f5 zu überdecken, obwohl auch dies zu klarem Übergewicht von Weiß führen würde: 15. b2–b4 Sc5–b7 16. Sf3–d4.

| 15. | Lc2×h7+! | Kg8×h7 |
| 16. | Te1×e7! | Dd8×e7 |

Auch nicht besser ist 16. ... Kh7–g8. Bei völligem materiellem Gleichgewicht besitzt Weiß eine heftige Attacke. Lanka und Kengis führen folgende mögliche Variante an: 17. Sf3–g5!! f7–f6 18. Dd1–h5! f6×g5 19. Lf4×g5 Lc8–a6 20. Te7×g7+ Kg8×g7 21. Dh5–h6+ Kg7–g8 22. Dh6–g6+ Kg8–h8 23. Lg5×d8 Ta8×d8 24. Tc1–c3.

| 17. | Sf3–g5+ | Kh7–g6 |
| 18. | Sd2–f3! | |

Nichts bringt das naheliegende 18. Dd1–g4 wegen 18. ... f7–f6 ein.

| 18. | ... | Tf8–h8 |
| 19. | Sf3–e5+ | Kg6–f6 |

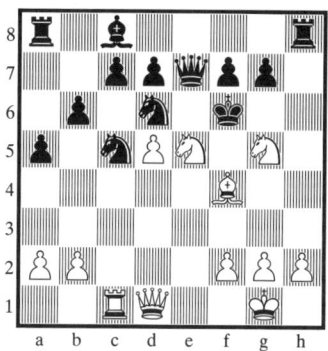

| 20. | Dd1–f3 | g7–g6 |
| 21. | Se5–c6! | |

Schwarz gab auf.
Auf 21. ... De7–e8 folgt 22. Lf4–e5+ Kf6×g5 23. Le5–f6+ Kg5–h6 24. Df3–h3 matt.
Ungünstig ist auch 21. ... d7×c6 22. Lf4×d6+ Lc8–f5 23. Df3–c3+.

**Partie Nr. 9**
**Neshmetdinow – Kotkow**
**Krasnodar 1957**

| 1. | e2–e4 | e7–e5 |
| 2. | Sg1–f3 | Sb8–c6 |
| 3. | Lf1–b5 | Sg8–f6 |
| 4. | 0–0 | |

Dieser Zug gilt seit langem als beste Fortsetzung für Weiß und eröffnet ihm Chancen, Eröffnungsvorteil zu erlangen (P. Keres).

| 4. | ... | Sf6×e4 |
| 5. | Tf1–e1 | |

Als prinzipiellste Fortsetzung wird 5. d2–d4 angesehen, wonach 5. ... Lf8–e7 6. Dd1–e2 Se4–d6 7. Lb5×c6 b7×c6 8. d4×e5 Sd6–b7 zur sogenannten Rio-de-Janeiro-Variante führt.
In der 2. Partie des Weltmeisterschaftskampfes Karpow – Kortschnoi (Meran 1981) folgte 9. Sb1–c3 0–0 10. Tf1–e1

Sb7–c5 11. Lc1–e3 Sc5–e6 12. Ta1–d1 d7–d5 13. e5×d6 c7×d6 14. Sf3–d4 Lc8–d7 15. Sd4–f5 d6–d5 16. Sf5×e7+! mit leichter, aber dauerhafter Initiative von Weiß.
Portisch spielte in einer Begegnung mit Tal (Brüssel 1988) 14. ... Se6×d4 15. Le3×d4 Tf8–e8 16. De2–f3 d6–d5 17. Sc3–a4 Le7–f8, doch nach 18. Ld4–c5! erreichte er keinen Ausgleich.
Die andere übliche Antwort auf 5. d2–d4 ist 5. ... Se4–d6 mit schnellem Übergang in ein etwas besseres Endspiel für Weiß: 6. Lb5×c6 d7×c6 7. d4×e5 Sd6–f5 8. Dd1×d8+ Ke8×d8 9. Sb1–c3 Kd8–e8 10. Sc3–e2.

| 5. | ... | Se4–d6 |
| 6. | Sf3×e5 | Lf8–e7 |

Das ist besser als sofort 6. ... Sc6×e5 7. Te1×e5+ Lf8–e7 8. Lb5–d3 0–0 9. Dd1–f3! mit weißem Übergewicht (Ljublinski – Bondarewski, UdSSR 1944).

**7. Lb5–d3**

Möglich ist auch der Rückzug des Läufers nach f1.

| 7. | ... | 0–0 |
| 8. | Sb1–c3 | Sc6×e5 |
| 9. | Te1×e5 | Le7–f6 |

Genauer ist 9. ... c7–c6 10. b2–b3 Sd6–e8 11. Lc1–b2 d7–d5 12. Dd1–h5 h7–h6!.

| 10. | Te5–e3 | g7–g6 |

Es drohte bereits der Einschlag Ld3×h7+.

| 11. | Dd1–f3! | Lf6–g7 |
| 12. | b2–b3 | Sd6–e8 |
| 13. | Lc1–a3 | d7–d6 |
| 14. | Ta1–e1 | |

Weiß hat großen Entwicklungsvorsprung.

| 14. | ... | Se8–f6 |
| 15. | h2–h3 | Sf6–d7? |
| 16. | Sc3–d5 | f7–f5? |

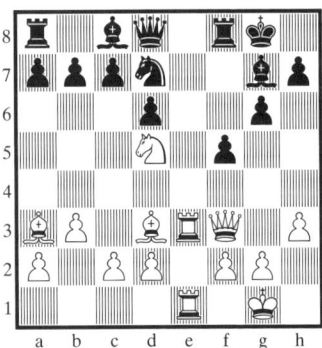

Nach dem Doppelschritt des Bauern ist die Königsstellung von Schwarz geschwächt, und der weiße Springer befindet sich in einer herrlichen Position in der Brettmitte.

| 17. | Sd5×c7!! | Dd8×c7 |
| 18. | Df3–d5+ | Kg8–h8 |
| 19. | Te3–e8! | |

Mit den Drohungen 20. Dd5–f7 oder 20. Ld3–c4. Ein Fehler wäre 19. La3×d6 wegen 19. ... Sd7–f6!.

| 19. | ... | Sd7–f6 |
| 20. | Te8×f8+ | Lg7×f8 |
| 21. | La3–b2! | |

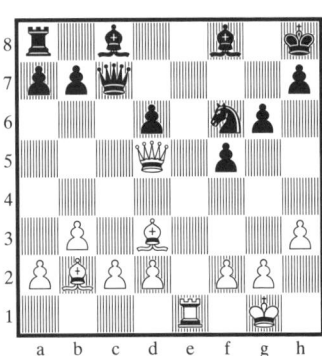

Die Grundidee der Kombination besteht in der diagonalen Fesselung von Schwarz.

| 21. | ... | Lf8–g7 |

Auf 21.... De7–g7 spielt Weiß 22. Dd5–d4 Sf6–e4 23. f2–f3 d6–d5 24. f3×e4 f5×e4 25. Ld3×e4 d5×e4 26. Dd4–d8!. Die effektvolle Idee 21. Te1–e8+ Sf6×e8 22. Dd5–f7!! wird durch den Zug 22. ... Lc8–e6! widerlegt.

**22.  Ld3–c4!**

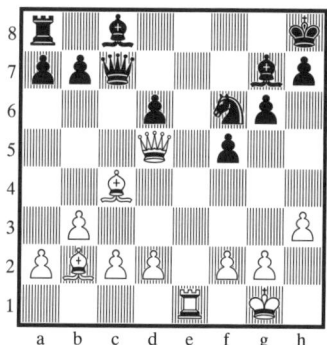

Der schwierigste Zug der Partie.
**22.  ...           Lc8–d7**
**23.  Lb2×f6**
Hinter den Kulissen blieb der herrliche Einschlag 24. Te1–e8!! (nach 23. Dd5–f7 Ta8–f8). Der Turm wird auf ein dreifach angegriffenes Feld gestellt, doch das würde nur zum Damengewinn führen, deshalb vereinfacht Weiß die Stellung etwas.
**23.  ...           Lg7×f6**
**24.  Dd5–f7       Dc7–d8**

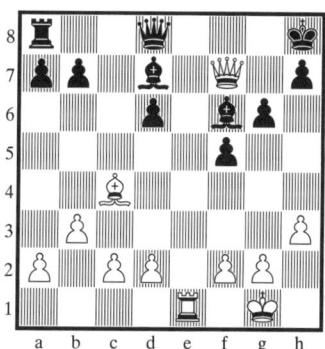

**25.  Te1–e8+!!**
**Schwarz gab auf,** da das Matt nicht zu verhindern ist. Eines der besten Werke dieses großen Angriffskünstlers! (Wir benutzten Anmerkungen R. Neshmetdinows).

**Partie Nr. 10**
**Tal  –  Portisch**
**Reykjavik 1988**

| 1. | e2–e4 | e7–e5 |
|----|-------|-------|
| 2. | Sg1–f3 | Sb8–c6 |
| 3. | Lf1–b5 | Sg8–f6 |
| 4. | 0–0 | Lf8–e7 |
| 5. | Tf1–e1 | d7–d6 |
| 6. | d2–d4 | |

In der Partie Schlechter – Réti (1908) geschah 6. c2–c3 0–0 7. d2–d4 Lc8–d7 8. Lb5–a4 Tf8–e8 9. Sb1–d2 Le7–f8 10. La4–c2.

| 6. | ... | e5×d4 |
|----|-----|-------|
| 7. | Lb5×c6+ | b7×c6 |
| 8. | Dd1×d4 | |

Natürlicher und sicher auch stärker ist 8. Sf3×d4.

| 8. | ... | 0–0 |
|----|-----|-----|
| 9. | Sb1–c3 | Lc8–g4 |
| 10. | Dd4–d3 | Lg4×f3 |
| 11. | Dd3×f3 | Sf6–d7 |

Es entsteht der Eindruck, daß Schwarz verhältnismäßig leicht ausgeglichen hat.

| 12. | b2–b3 | Le7–f6 |
|-----|-------|--------|
| 13. | Lc1–a3 | Tf8–e8 |

Tal gibt an, daß 13. ... Lf6–e5 nebst Dd8–f6 genauer ist.

| 14. | Ta1–d1 | Te8–e6? |
|-----|--------|---------|
| 15. | Sc3–e2! | Lf6–e5 |

Schwarz verfolgt einen falschen Plan.

| 16. | Df3–d3! | |
|-----|---------|--|

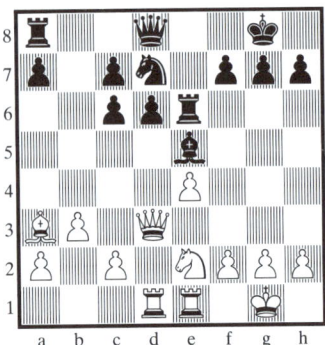

### 16. ... c6–c5?

Stellungsgerecht war 16. ... g7–g5!. Interessante Verwicklungen könnten im Falle von 16. ... Dd8–h4 entstehen. Auf jeden Fall folgt nach Tals Analyse 17. f2–f4! Le5×f4 18. g2–g3 Te6–g6 19. e4–e5! Sd7×e5 20. Dd3×g6 Se5–f3+ 21. Kg1–f2 Dh4×h2+ 22. Kf2×f3 h7×g6 23. Te1–h1 mit Gewinn von Weiß.

| 17. | f2–f4 | Le5–f6 |
| 18. | e4–e5! | Lf6–h4 |
| 19. | Te1–f1 | Lh4–e7 |
| 20. | La3–b2 | Le7–f8 |
| 21. | Se2–g3 | |

Aufmerksamkeit verdient ein Damenopfer des Anziehenden: 21. f4–f5! Sd7×e5 22. f5×e6! Se5×d3 23. e6×f7+ Kg8–h8 24. Td1×d3.

| 21. | ... | Dd8–b8 |

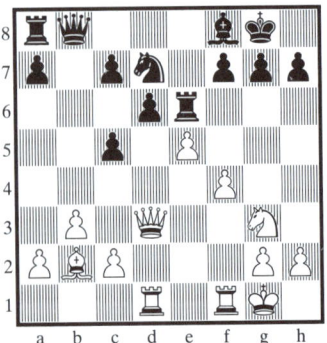

### 22. Sg3–e4?

Hier war die beste Gelegenheit, die Königin zu opfern (vgl. die diesbezügliche Anmerkung zum 21. Zug von Weiß), was zu einem schnellen Sieg geführt hätte.

| 22. | ... | Db8–b6 |
| 23. | c2–c4! | Lf8–e7 |
| 24. | Tf1–f3 | Ta8–d8 |
| 25. | e5×d6 | Le7×d6 |

Auf 25. ... c7×d6 folgt 26. f4–f5 Te6–h6 27. Tf3–g3.

| 26. | Se4–g5 | Te6–g6 |
| 27. | Dd3–f5 | Sd7–f6 |
| 28. | Lb2×f6 | g7×f6 |
| 29. | Sg5–e4 | Kg8–g7 |
| 30. | Tf3–g3! | Ld6–e7 |
| 31. | Td1×d8 | Le7×d8 |
| 32. | Tg3–d3 | Db6–a5! |
| 33. | Td3–d2 | Ld8–e7 |

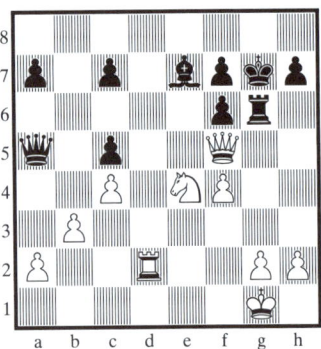

### 34. h2–h4!

Es beginnt der Schlußangriff.

| 34. | ... | h7–h5 |
| 35. | Df5×h5 | f6–f5 |
| 36. | Dh5×f5 | Le7×h4 |
| 37. | Df5–e5+ | Lh4–f6 |
| 38. | Se4×f6 | Tg6×f6 |
| 39. | Td2–d3 | Da5–b6 |
| 40. | f4–f5 | |

**Schwarz gab auf.**

**Partie Nr. 11**

**Fischer – Gligorić**

**Havanna 1966**

| | |
|---|---|
| 1. e2–e4 | e7–e5 |
| 2. Sg1–f3 | Sb8–c6 |
| 3. Lf1–b5 | a7–a6 |
| 4. Lb5×c6 | |

Die sogenannte Abtauschvariante. Es bleibt unvergessen, daß gerade dieses System Lasker zwei glänzende Siege über Capablanca und Aljechin im berühmten Turnier von Petersburg 1914 einbrachte. Im Jahre 1966 erweckte Robert Fischer die Variante zu neuem Leben.

| | |
|---|---|
| 4. ... | d7×c6 |
| 5. 0–0! | |

Gerade mit diesem Zug ist die Rückkehr des alten Systems in die Turnierpraxis verbunden. Die traditionelle Fortsetzung war 5. Sb1–c3 mit der möglichen Antwort 5. ... f7–f6 und weiter 6. d2–d4 e5×d4 7. Dd1×d4 Dd8×d4 8. Sf3×d4 Lc8–d7 9. Lc1–e3 0–0–0 10. 0–0–0 Sg8–e7 mit Ausgleich. Von Zeit zu Zeit wird auch 5. d2–d4 e5×d4 6. Dd1×d4 gespielt, hier genügt der Damentausch völlig, um die Partie auszugleichen. Möglich ist aber auch 6. ... Lc8–g4 7. Dd4–c3 Dd8–f6 8. Sf3–e5! Lg4–e6 9. Sb1–d2 Sg8–e7 10. Sd2–f3 h7–h6 11. Lc1–e3 0–0–0 12. 0–0 Se7–g6 wie in der Begegnung Georgiew – Iwantschuk (Saloniki 1988). Nach 13. Le3–d4 Sg6×e5 14. Sf3×e5 Df6–e7 15. Se5–d3 f7–f6 16. a2–a4 c6–c5! 17. Ld4–e3 wurde das Remis besiegelt.

| | |
|---|---|
| 5. ... | f7–f6! |

Die beste Möglichkeit, den Bauern e5 zu schützen, doch interessant ist auch Bronsteins Fortsetzung 5. ... Dd8–d6!?. Das Spiel kann sich danach folgendermaßen weiterentwickeln: 6. d2–d3 f7–f6 7. Lc1–e3 Lc8–g4 8. Sb1–d2 Sg8–e7 9. b2–b4! Se7–g6 10. h2–h3 Lg4–e6 11. a2–a4 Dd6–d7! mit beider-

seitigen Chancen (Dolmatow – Smagin, Jerewan 1988).

| | |
|---|---|
| 6. d2–d4 | Lc8–g4! |

Die prinzipiellste Erwiderung, doch ausreichend ist auch 6. ... e5×d4 7. Sf3×d4 c6–c5 (nur nicht 7. ... Lf8–d6 wegen 8. Dd1–h5+! g7–g6 9. Dh5–f3 Ld6×h2+ 10. Kg1×h2 Dd8×d4 11. Tf1–d1!) 8. Sd4–b3 Dd8×d1 9. Tf1×d1 Lc8–d7 mit etwa gleichen Perspektiven. Gleichermaßen reagiert Schwarz auch auf 8. Sd4–e2 Dd8×d1 9. Tf1×d1 Lc8–d7 10. Sb1–c3 0–0–0 11. Lc1–f4 Sg8–e7 12. Lf4–g3 Sb8–c6 13. Sc3–d5 Sc6–e5 14. f2–f4 Se5–f7 (Ljubojević – Romanischin, Riga 1979).

| | |
|---|---|
| 7. c2–c3! | |

Häufig kommt auch 7. d4×e5 Dd8×d1 8. Tf1×d1 f6×e5 9. Td1–d3 Lf8–d6 10. Sb1–d2 vor, doch Weiß kann hierbei schwerlich mit einem Vorteil rechnen.

| | |
|---|---|
| 7. ... | e5×d4 |

Andere Fortsetzungen sind 7. ... Lf8–d6, womit das Zentrum gefestigt wird und 7. ... Dd8–d7, wie es in der Partie Timman – Beljawski (Linares 1988) geschah. Nach 8. h2–h3 war Schwarz dort genötigt, seinen Läufer zu tauschen – 8. ... Lg4×f3 (nicht 8. ... Lg4–h5 wegen 9. Sf3×e5), doch nichtsdestoweniger erhielt er nach 9. ... e5×d4 10. c3×d4 Dd7×d4 11. Tf1–d1 Dd4–c4 12. Lc1–f4 Lf8–d6! 13. Lf4×d6 c7×d6 14. Td1×d6 Sg8–h6 15. Sb1–a3 Dc4–b4 16. Ta1–d1 0–0 praktisch eine ausgeglichene Stellung.

| | |
|---|---|
| 8. c3×d4 | Dd8–d7 |

Aufmerksamkeit verdient 8. ... c6–c5 9. d4–d5 Lf8–d6 (S. Gligorić).

| | |
|---|---|
| 9. h2–h3 | Lg4–e6 |

Das ist nicht die beste Fortsetzung, es war noch nicht zu spät, zur Variante mit dem Schlagen auf f3 und d4 zurückzukehren oder mit dem Läufer nach h5 zurückzugehen. Nach 10. Sf3–e5 Lh5×d1 11. Se5×d7 Ke8×d7 12. Tf1×d1

(Fischer – Guimenez, 1966) muß Schwarz durchaus nicht verlieren.

| 10. | Sb1–c3 | 0–0–0 |
| 11. | Lc1–f4! | |

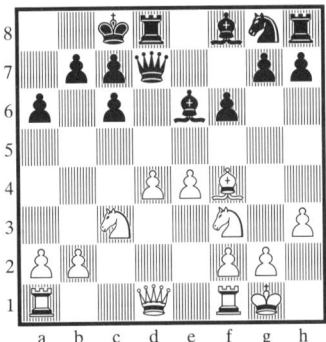

**11. ...          Sg8–e7?**

R. Fischer gibt an, daß 11. ... Lf8–d6! sicherer war, mit der Folge 12. Lf4×d6 Dd8×d6 – und unterstreicht, daß von prinzipieller Bedeutung die Variante 11. ... g7–g5!? 12. Lf4–g3 h7–h5 13. d4–d5 c6×d5 14. Ta1–c1 mit folgenden Möglichkeiten ist:
a) 14. ... Lf8–d6 15. Sc3–a4! Kc8–b8 16. Sa4–c5 Dd7–e7 17. Sc5×a6+! b7×a6 18. Sf3–d4 Le6–d7 19. Dd1–b3+ Kb8–a7.

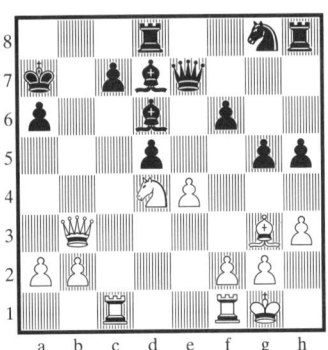

20. Tc1×c7+! Ld6×c7 21. Lg3×c7 Ld7–b5 (21. ... De7–c5 22. Db3–e3!) 22. Sd4–c6+! Lb7×c6 23. Db3–b6+ Ka7–a8 24. Db6×a6 matt.

b) Auf phantastische Weise wird laut Fischer der Gewinn von Weiß im Falle von 14. ... d5×e4 15. Sc3–a4! Kc8–b8 16. Tc1×c7! Dd7×d1 erreicht.

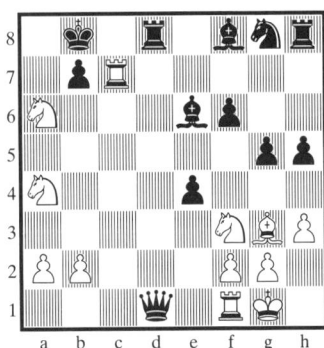

17. Tc7–c8+!! Kb6–a7 (17. ... Kb8×c8 18. Sa4–b6 matt) 18. Lg3–b8+ Ka7–a8 19. Sa4–b6 matt.
Eine glänzende Analyse!

| 12. | Ta1–c1 | Se7–g6 |
| 13. | Lf4–g3 | Lf8–d6 |
| 14. | Sc3–a4 | Ld6×g3 |

Das ist noch eine Ungenauigkeit. Schwarz darf Weiß nicht den Punkt c5 für den Springer überlassen. Genauer war 14. ... Kc8–b8 15. Sa4–c5 Dd7–e7 oder Ld6×c5.

| 15. | f2×g3 | Kc8–b8 |
| 16. | Sa4–c5 | Dd7–d6 |
| 17. | Dd1–a4! | Kb8–a7?? |

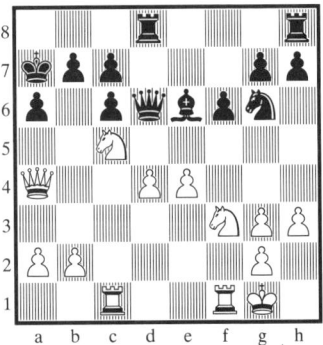

Ein Versehen in schwieriger Stellung. Der einzig mögliche Zug war 17. ... Le6–c8.

| | | |
|---|---|---|
| **18.** | **Sc5×a6** | **Le6×h3** |
| **19.** | **e4–e5!** | **Sg6×e5** |

Rettung verhieß auch 19. ... f6×e5 nicht wegen 20. Sa4–c5+ Ka7–b8 21. Tc1–c3 nebst 22. Tc3–a3.

| | | |
|---|---|---|
| **20.** | **d4×e5** | **f6×e5** |
| **21.** | **Sa6–c5+** | **Ka7–b8** |
| **22.** | **g2×h3** | |

Weiß hat bereits zwei Figuren mehr!

| | | |
|---|---|---|
| **22.** | **...** | **e5–e4** |
| **23.** | **Sc5×e4** | **Dd6–e7** |
| **24.** | **Da4–c2** | |

**Schwarz gab auf.**

### Partie Nr. 12
### Nielsen – Estrin
**12. Fernschach-Europameister-schaft 1974/1975**

| | | |
|---|---|---|
| **1.** | **e2–e4** | **e7–e5** |
| **2.** | **Sg1–f3** | **Sb8–c6** |
| **3.** | **Lf1–b5** | **a7–a6** |
| **4.** | **Lb5–a4** | **d7–d6** |
| **5.** | **c2–c3** | |

Der gebräuchlichste Zug an dieser Stelle. Häufig kommen auch 5. 0–0 (siehe Partien Nr. 15 und 16), 5. c2–c4 (Partie Nr. 17) und 5. La4×c6+ vor.

| | | |
|---|---|---|
| **5.** | **...** | **f7–f5** |

Die sogenannte „Siesta"-Variante, die in der Praxis Capablancas, Marshalls und bei Keres anzutreffen war und die gewöhnlich zu scharfem Spiel führt. Die andere verbreitete Antwort ist 5. ... Lc8–d7.

| | | |
|---|---|---|
| **6.** | **e4×f5** | **Lc8×f5** |
| **7.** | **d2–d4** | |

Ein zugespitzter Kampf ergibt sich nach 7. 0–0, doch auf 7. ... Lf5–d3 8. Tf1–e1 Lf8–e7 9. Dd1–b3 Ta8–b8 10. Db3–d5 e5–e4 11. La4–b3 Sg8–h6 erhält Schwarz nach einer Analyse von Rad-schenko gutes Spiel, zum Beispiel:

13. Sf3–g5 Sc6–e5 13. Sg5×e4 Th8–f8 14. Se4–g3 c7–c6 15. Dd5–d4 c6–c5 16. Dd4–d5 c5–c4.

| | | |
|---|---|---|
| **7.** | **...** | **e5–e4** |
| **8.** | **Sf3–g5** | **d6–d5** |
| **9.** | **f2–f3** | **h7–h6!** |

Dieser von Neshmetdinow vorgeschla-gene Zug konkurriert erfolgreich mit dem traditionellen 9. ... e4–e3.

| | | |
|---|---|---|
| **10.** | **f3×e4** | **h6×g5** |
| **11.** | **e4×f5** | **Lf8–d6** |

Ungeachtet des fehlenden Bauern sind die Angriffschancen von Schwarz groß genug, weil seine Figuren auf den Kö-nigsflügel zielen.

| | | |
|---|---|---|
| **12.** | **Dd1–f3** | |

Andere Fortsetzungen bringen Weiß auch keinen Vorteil, zum Beispiel 12. Dd1–g4 Sg8–f6 13. Dg4×g5 Ke8–f8 14. La4×c6 b7×c6 15. Dg5–g6 Dd8–d7 16. Lc1–g5 Ta8–e8+ oder 12. Dd1–e2+ Kg8–f8 13. Ke1–d1 Dd8–f6 14. La4–b3 Th8–h4! 15. De2–e6 Sg8–e7 – in beiden Fällen mit ausgezeichnetem Spiel von Schwarz.

| | | |
|---|---|---|
| **12.** | **...** | **g5–g4!** |

Ein für die Variante typisches Bauern-opfer, das Schwarz gestattet, die weiße Dame mehrfach mit den eigenen Figu-ren anzugreifen und für den Angriff not-wendige Tempi zu gewinnen.

| | | |
|---|---|---|
| **13.** | **Df3×g4** | **Sg8–f6!** |

| 14. | Dg4×g7 | Th8×g8 |
|---|---|---|
| 15. | Dg7–h6 | Tg8×g2 |
| 16. | La4–d1 | Dd8–e7+ |
| 17. | Ke1–f1 | |

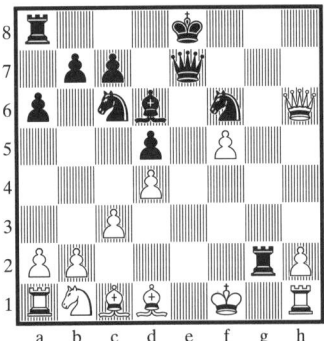

Jetzt würde Weiß nach dem Zurückweichen des schwarzen Turms vom Feld g2 18. Ld1–f3 spielen und den Angriff abwehren.
doch es folgt ein unerwarteter Zug.

| 17. | ... | 0–0–0! |
|---|---|---|
| 18. | Kf1×g2 | Td8–g8+ |
| 19. | Lc1–g5 | |

Auch 19. Kg2–f2 half nichts wegen 19. ... De7–e4!, und auf 20. Th1–g1 folgt De4×f5+.

| 19. | ... | De7–e3 |
|---|---|---|
| 20. | h2–h4 | De3–g3+ |
| 21. | Kg2–f1 | Tg8–e8 |
| 22. | Lg5–d2 | |

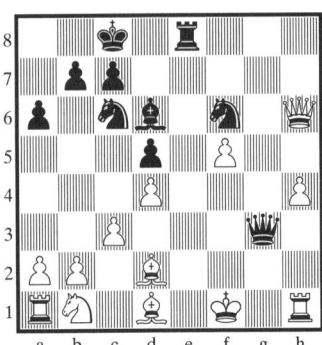

| 22. | ... | Sf6–g4 |
|---|---|---|
| 23. | Ld1×g4 | Dg3×g4 |
| 24. | Dh6–e6+ | Te8×e6 |
| 25. | f5×e6 | Ld6–g3! |

Weiß gab auf.

### Partie Nr. 13
### Sokolow – Spasski
### Montpellier 1985

| 1. | e2–e4 | e7–e5 |
|---|---|---|
| 2. | Sg1–f3 | Sb8–c6 |
| 3. | Lf1–b5 | g7–g6 |
| 4. | c2–c3 | a7–a6 |
| 5. | Lb5–a4 | d7–d6 |
| 6. | d2–d4 | Lc8–d7 |

Mit Zugumstellung ist die Partie ins Aljechin-System übergegangen, das indische Motive in den klassischen Aufbau einbrachte. Es bietet Schwarz in vielen Fällen die Möglichkeit, am Königsflügel aktiv zu werden.

| 7. | Lc1–g5 | |
|---|---|---|

Eine seltene Fortsetzung, die sich auch in dieser Begegnung nicht bewährt. Viel gebräuchlicher ist 7. 0–0 (siehe Partie Nr. 14).

| 7. | ... | f7–f6 |
|---|---|---|
| 8. | Lg5–e3 | Sg8–h6! |
| 9. | h2–h3 | Lf8–g7 |
| 10. | Sb1–d2 | Sh6–f7 |
| 11. | 0–0 | 0–0 |

Einige Runden zuvor hatte Smyslow Sokolow das Zentrum überlassen und 11. ... e5×d4 gespielt, wonach er schnell eine sehr gute Stellung erhielt: 12. c3×d4 0–0 13. 0–0 f6–f5 14. La4–b3+ Kg8–h8 15. Tf1–e1.

| 12. | Tf1–e1 | Dd8–e7 |
|---|---|---|
| 13. | b2–b4 | Kg8–h8 |
| 14. | La4–c2 | Sc6–d8! |
| 15. | Sd2–f1 | |

Weiß spielt wie gehabt zu schüchtern. In dieser Stellung mußte er 15. c3–c4 ziehen.

| | | | |
|---|---|---|---|
| **15.** | **...** | **Sd8–e6** | |
| **16.** | **Dd1–d2** | | |

Stärker war 16. Sf1–g3.

| **16.** | **...** | **Sf7–g5** |
|---|---|---|

Schwarz vollendet die Umgruppierung seiner Figuren am Königsflügel.

| **17.** | **Sf3–h2** | **f6–f5** |
|---|---|---|
| **18.** | **e4×f5** | |

Auch nach 18. d4–d5 f5–f4! 19. d5×e6 De7×e6 steht Weiß schlechter.

| **18.** | **...** | **g6×f5** |
|---|---|---|
| **19.** | **f2–f3** | **f5–f4** |
| **20.** | **Le3–f2** | |

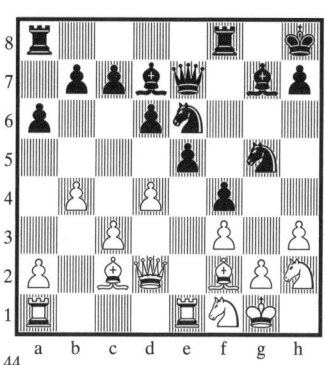

44

| **20.** | **...** | **Sg5×h3+!** |
|---|---|---|

Die logische Vollendung einer zielstrebigen Strategie. Schwarz bekommt nun stärksten Angriff.

| **21.** | **g2×h3** | **Se6–g5** |
|---|---|---|
| **22.** | **Kg1–h1** | **Sg5×h3** |
| **23.** | **d4×e5** | **Lg7×e5** |
| **24.** | **Lf2–d4?** | |

Ein sich aufdrängender, aber nicht der beste Zug. Weiß mußte 24. Sh2–g4 Ld7×g4 25. f3×g4 f4–f3 26. Lf2–g3 mit Verteidigungshoffnungen spielen.

| **24.** | **...** | **Tf8–g8** |
|---|---|---|
| **25.** | **Sh2–g4** | **De7–h4** |
| **26.** | **Sf1–h2** | **Le5×d4** |
| **27.** | **Dd2×d4+** | **Tg8–g7** |

Es droht 28. ... h7–h5.

| **28.** | **Te1–e2** | **Ta8–e8** |
|---|---|---|

28. ... Ld7×g4 kann Schwarz wegen 29. Te2–g2! nicht ziehen.

| **29.** | **Te2×e8+** | **Ld7×e8** |
|---|---|---|
| **30.** | **Ta1–f1** | **h7–h5** |
| **31.** | **Sg4–h6** | |

Auf 31. Sg4–f6 folgt 31. ... Dh4–g3, sofort verlieren würde auch 31. Dd4–f6 wegen 31. ... Dh4×f6 32. Sg4×f6 Le8–b5.

| **31.** | **...** | **Dh4–g5** |
|---|---|---|
| **32.** | **Sh2–g4** | **h5×g4** |
| **33.** | **Sh6–f5** | |

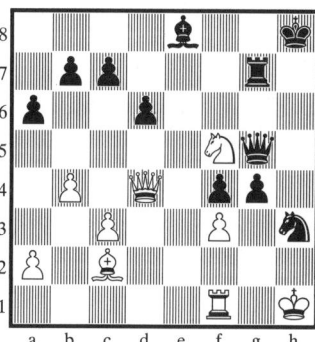

| **33.** | **...** | **Le8–b5!** |
|---|---|---|
| **34.** | **Sf5×g7** | **Dg5×g7** |
| **35.** | **Dd4×g7+** | **Kh8×g7** |
| **36.** | **Tf1–c1** | **Lb5–c6** |
| **37.** | **Lc2–d1** | **Sh3–g5** |

Weiß überschritt die Zeit, aber seine Lage war ohnehin hoffnungslos.

**Partie Nr. 14**
**Karpow – Spasski**
**Bugojno 1986**

| **1.** | **e2–e4** | **e7–e5** |
|---|---|---|
| **2.** | **Sg1–f3** | **Sb8–c6** |
| **3.** | **Lf1–b5** | **g7–g6** |
| **4.** | **c2–c3** | **a7–a6** |
| **5.** | **Lb5–a4** | **d7–d6** |
| **6.** | **d2–d4** | **Lc8–d7** |
| **7.** | **0–0** | **Lf8–g7** |

**8. Tf1–e1**

Als prinzipiellste Fortsetzungen gelten laut Theorie 8. d4×e5 und 8. d4–d5. Der Partiezug ist elastisch und erlaubte es Weiß, die Spannung im Zentrum aufrecht zu erhalten und seine späteren Entscheidungen in Abhängigkeit von der schwarzen Figurenaufstellung zu treffen.

|     |          |          |
|-----|----------|----------|
| 8.  | ...      | Sg8–e7   |
| 9.  | Lc1–e3   | 0–0      |
| 10. | Sb1–d2   |          |

In der Partie Mitchell – Capablanca (Hastings 1919) geschah 10. d4×e5 Sc6×e5 11. Sf3×e5 Lg7×e5 12. La4–b3 Se7–c6 13. Sb1–d2 Le5–g7 14. Sd2–f3 h7–h6 15. Sf3–d4 mit etwa gleichen Chancen.

|     |          |          |
|-----|----------|----------|
| 10. | ...      | Dd8–e8   |
| 11. | La4–b3   | b7–b6    |
| 12. | d4×e5    | d6×e5    |
| 13. | Sd2–c4   | Kg8–h8   |
| 14. | Dd1–c1!  |          |

Weiß legt die Defekte in der schwarzen Stellung bloß.

|     |          |          |
|-----|----------|----------|
| 14. | ...      | Ld7–g4   |
| 15. | Sf3–g5   | h7–h6    |
| 16. | h2–h3    | Lg4–d7   |
| 17. | Sg5–f3   | Kg8–h7   |
| 18. | a2–a4!   |          |

Die kritische Stellung. Schwarz bemüht sich verbissen, seinen Plan durchzusetzen, doch das stößt auf raschen Widerstand.

|     |          |          |
|-----|----------|----------|
| 18. | ...      | f7–f5?   |
| 19. | e4×f5    | g6×f5    |

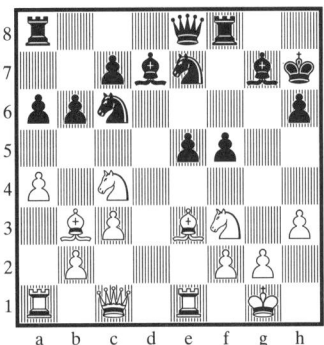

|     |          |          |
|-----|----------|----------|
| 20. | Sc4×e5   | Sc6×e5   |
| 21. | Sf3×e5   | Lg7×e5   |
| 22. | Le3×h6   | Le5–d6   |

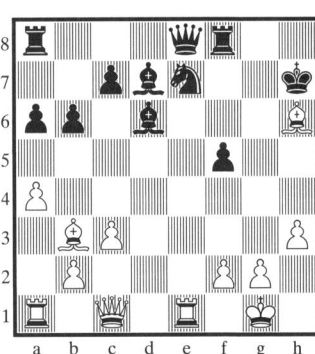

**23. Dc1–g5!**

Die Kraft dieses Zuges hatte Schwarz offensichtlich unterschätzt.

|     |          |          |
|-----|----------|----------|
| 23. | ...      | De8–g6   |
| 24. | Te1×e7+  | Ld6×e7   |
| 25. | Dg5×e7+  | Kh7×h6   |
| 26. | De7×d7   | f5–f4?   |

Es war nicht notwendig, noch einen Bauern zu geben, hartnäckiger ist 26. ... Dg6–d6.

|     |          |          |
|-----|----------|----------|
| 27. | Dd7×c7   | Ta8–e8   |
| 28. | Ta1–d1   | Tf8–f6   |
| 29. | Kg1–h2   | a6–a5    |
| 30. | Td1–d4   | Te8–f8   |
| 31. | Td4–d7   | Tf6–c6   |
| 32. | Dc7–e5   | Dg6–f6   |
| 33. | De5–d5   | Tc6–c5   |
| 34. | Dd5–e4   |          |

**Schwarz gab auf.**

**Partie Nr. 15**
**Fischer – Geller**
**Bled 1961**

|     |          |          |
|-----|----------|----------|
| 1.  | e2–e4    | e7–e5    |
| 2.  | Sg1–f3   | Sb8–c6   |
| 3.  | Lf1–b5   | a7–a6    |

**4. Lb5-a4      d7-d6**
**5. 0-0**
Dieses System wurde in der 30er Jahren von den sowjetischen Schachmeistern W. Ragosin und N. Rjumin ausgearbeitet und Mitte der 60er Jahre von Fischer zu neuem Leben erweckt.
**5.    ...                 Lc8-g4**
Ein sehr aktiver Zug, dessen Nachteil aber in der Schwächung des Damenflügels besteht. An dieser Stelle wird auch 5. ... Lc8-d7 gespielt (siehe Partie Nr. 16).
**6. h2-h3         Lg4-h5**
Eine andere Möglichkeit besteht in 6. ... h7-h5. Die Praxis zeigt aber, daß Schwarz in dieser Variante gewisse Schwierigkeiten bekommt, zum Beispiel: 7. La4×c6+ b7×c6 8. d2-d4 Dd8-f6 9. Sb1-d2 Lg4-e6 10. Sd2-b3 Df6-g6 11. Sf3-g5.
**7. c2-c3         Dd8-f6?!**
7. ... Sg8-f6 ist ohne Zweifel besser. In der Begegnung Geller – Spasski (Moskau 1964) folgte daraufhin 8. d2-d4 b7-b5 9. La4-b3 Lf8-e7 10. Lc1-e3 0-0 11. Sb1-d2, und hier führte anstelle des scharfen und nicht ungefährlichen 11. ... d6-d5?! der Zug 11. ... Tf8-e8 zu einer ausreichend sicheren Stellung von Schwarz.
**8. g2-g4!       Lh5-g6**
**9. d2-d4!**

Ist das nicht sehr riskant? Zunächst schwächte Weiß seinen Königsflügel, dann gibt er seinen zentralen Bauern, wodurch der schwarze Läufer g6 aktiviert wird.
**9.    ...                 Lg6×e4**
**10. Sb1-d2!**
Es zeigt sich, daß der große Entwicklungsvorsprung den geopferten Bauern mehr als kompensiert.
**10.    ...               Le4-g6**
Natürlich hat es Schwarz nach 10. ... Lg4×f3 11. Sd2×f3 e5-e4 12. Tf1-e1 d6-d5 13. Lc1-g5 Df6-d6 14. c3-c4 nicht einfach, um den Ausgleich zu kämpfen, aber dennoch war dies das kleinere Übel.
**11. La4×c6+     b7×c6**
**12. d4×e5       d6×e5**
**13. Sf3×e5      Lf8-d6**
**14. Se5×g6**
Weiß hat keine Angst vor der Öffnung der h-Linie.
**14.    ...               Df6×g6**
Im Falle von 14. ... h7×g6 verliert Schwarz die Kontrolle über den Punkt e4, und der Springer kommt mit entscheidendem Effekt ins Spiel: 15. Sd2-e4 Df6-h4 16. Se4×d6+ c7×d6 17. Dd1×d6 Sg8-e7 18. Tf1-e1 Ke8-f8 19. b2-b3!, und Schwarz hat keine Verteidigung mehr.
**15. Tf1-e1+     Ke8-f8**
**16. Sd2-c4     h7-h5**

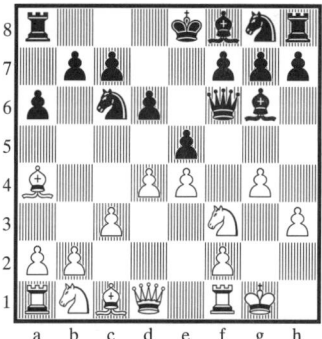

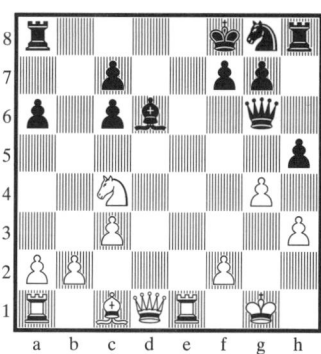

Ein letzter Versuch, das Spiel zu verschärfen.

| | |
|---|---|
| 17. Sc4×d6 | c7×d6 |
| 18. Lc1−f4 | d6−d5? |

Hartnäckiger war 18. ... Ta8−d8.

| | |
|---|---|
| 19. Dd1−b3 | h5×g4 |
| 20. Db3−b7! | g4×h3+ |
| 21. Lf4−g3 | Ta8−d8 |
| 22. Db7−b4+ | |

Schwarz gab auf.

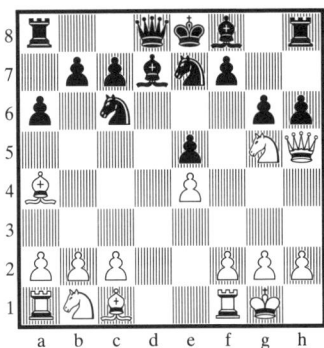

## Partie Nr. 16
## Lanka – Fokin
### Riga 1988

| | |
|---|---|
| 1. e2−e4 | e7−e5 |
| 2. Sg1−f3 | Sb8−c6 |
| 3. Lf1−b5 | a7−a6 |
| 4. Lb5−a4 | d7−d6 |
| 5. 0−0 | Lc8−d7 |
| 6. d2−d4 | Sg8−e7?! |

Besseren Ruf besitzt die Fortsetzung 6. ... Sg8−f6.

| | |
|---|---|
| 7. d4×e5 | d6×e5 |

Auf 7. ... Sc6×e5 verheißt 8. La4−b3 Weiß eine anhaltende Überlegenheit (8. ... Ld7−g4 verbietet sich wegen 9. Sf3×e5!).

**8. Sf3−g5!**

Weiß beeilt sich, Drohungen zu schaffen, ehe Schwarz h7−h6 zieht und nutzt dabei die beengte Lage der gegnerischen Figuren aus.

**8. ... h7−h6**

Eine glänzende Widerlegung folgt auf 8. ... f7−f6 durch 9. La4−b3 f6×g5 10. Dd1−f3 Dd8−b8 11. Df1−f7+ Ke8−d8 12. c2−c3!, und Schwarz hat keine Parade mehr gegen die Drohung 13. Tf1−d1 nebst 14. Lb3−e6. Klar besser ist 8. ... Dd8−c8 9. La4−b3 Sc6−d8.

**9. Dd1−h5 g7−g6**

| | |
|---|---|
| 10. La4−b3!! | Ld7−e6 |

Nichts hilft 10. ... Th8−h7 wegen 11. Sg5×h7 g6×h5 12. Sh7−f6 matt. Schlecht ist auch 10. ... Lf8−g7, weil dann 11. Dh5−f3! folgt.

| | |
|---|---|
| 11. Sg5×e6 | g6×h5 |
| 12. Se6×d8 | Ta8×d8 |
| 13. c2−c3 | Se7−g6 |
| 14. Lc1−e3 | Lf8−e7 |

Weiß verfügt über großen Vorteil, doch genaues Spiel ist erforderlich.

| | |
|---|---|
| 15. Lb3−d5! | Td8−d6 |
| 16. Sb1−d2 | Sc6−d8 |
| 17. Sd2−f3 | c7−c6 |
| 18. Ld5−c4 | Sd8−e6 |
| 19. Tf1−d1 | Td6×d1+ |
| 20. Ta1×d1 | Se6−g5 |

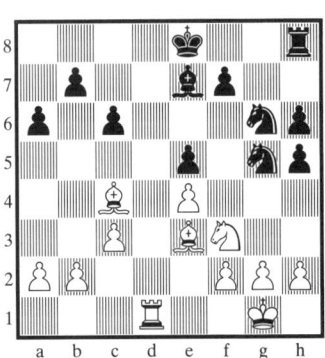

**21. Sf3×g5!**

Weiß scheut sich nicht, die Bauernstellung von Schwarz zu verbessern, dafür aber dominieren seine eigenen Figuren auf dem Brett.

| 21. | ... | h6×g5 |
| 22. | Le3–b6 | Sg6–f8 |
| 23. | Lb6–c7! | |

Noch eine Schwäche entsteht, der Punkt e6.

| 23. | ... | f7–f6 |
| 24. | b2–b4 | Th8–h7 |
| 25. | a2–a4 | Sf8–d7 |
| 26. | Lc4–e6 | Le7–d8 |
| 27. | Le6–f5 | Th7–g7 |
| 28. | Lc7×d8 | Ke8×d8 |
| 29. | a4–a5 | c6–c5 |
| 30. | Td1–d6 | c5×b4 |
| 31. | c3×b4 | Tg7–e7 |
| 32. | Td6–d3 | Kd8–c7 |
| 33. | Td3–c3+ | |

Nun beginnt die entscheidende Umgruppierung der weißen Streitkräfte.

| 33. | ... | Kc7–d6 |

Nach 33. ... Kc7–d8 34. Kg1–f1 ist Schwarz im Zugzwang.

| 34. | Tc3–c8! | h5–h4 |
| 35. | Kg1–f1 | Te7–f7 |
| 36. | Lf5–g4 | Tf7–e7 |
| 37. | Kf1–e2 | Te7–g7 |
| 38. | Ke2–e3 | Tg7–f7 |
| 39. | g2–g3 | h4×g3 |
| 40. | f2×g3 | Tf7–h7 |
| 41. | Lg4–f5 | Th7–f7 |
| 42. | Tc8–d8! | Kd6–c7 |
| 43. | Td8×d7+ | Tf7×d7 |
| 44. | Lf5×d7 | Kd6×d7 |
| 45. | Ke3–f3 | Kd7–e6 |
| 46. | Kf3–g4 | |

**Schwarz gab auf.**

| 1. | e2–e4 | e7–e5 |
| 2. | Sg1–f3 | Sb8–c6 |
| 3. | Lf1–b5 | a7–a6 |
| 4. | Lb5–a4 | d7–d6 |
| 5. | c2–c4 | |

Ein System, das der tschechische Großmeister O. Duras entwickelte. Weiß verhindert den Bauernvorstoß b7–b5 und verstärkt den Druck auf den Punkt d5. Allerdings wird gleichzeitig das Feld d4 geschwächt, was ein wesentlicher Nachteil der Variante ist.

| 5. | ... | Lc8–d7 |

Als aktivste Fortsetzung gilt 5. ... Lc8–g4!. Interessant ist die Variante 6. Sb1–c3 Sg8–f6 7. h2–h3 Lg4×f3 8. Dd1×f3 Lf8–e7 9. d2–d3 0–0 10. Lc1–e3 Sf6–d7! 11. Sc3–d5 Sd7–c5! 12. Le3×c5 d6×c5 13. La4×c6 b7×c6 14. Sd5×e7+ Dd8×e7 (Goldenow – Judowitsch, UdSSR 1947), und Schwarz erreicht gutes Spiel ungeachtet seines Tripelbauern!

| 6. | Sb1–c3 | g7–g6 |
| 7. | d2–d4 | e5×d4 |

Auf 7. ... Lf8–g7 ist 8. Lc1–g5 unangenehm, und nach 8. ... f7–f6 9. Lg5–e3 Sg8–e7 10. d4–d5 erhält Weiß entscheidendes Übergewicht.

| 8. | Sf3×d4 | Lf8–g7 |
| 9. | Sd4×c6 | b7×c6? |

Besser war 9. ... Ld7×c6, weil eine Vereinfachung der Stellung in der Regel der verteidigenden Seite zum Vorteil gereicht.

| 10. | 0–0 | Sg8–e7 |

Aktiver ist 10. ... Sg8–f6 mit Druck auf die zentralen Felder.

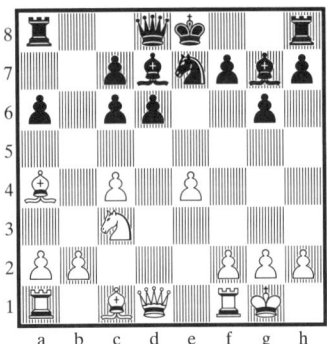

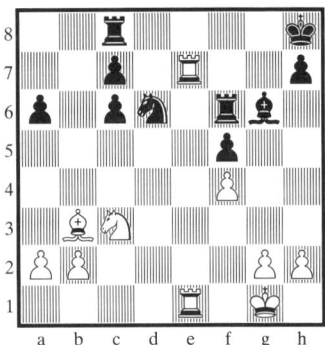

**11. c4–c5!**

Ein herrlicher Zug, der die weiße Überlegenheit überzeugend unterstreicht.

**11. ... Se7–c8**

Schwarz geht zu einer passiven Verteidigung über.

Nichts Gutes kann der Nachziehende von der Folge 11. ... d6–d5 12. e4×d5 c6×d5 13. Sc3×d5 Se7×d5 14. Dd1×d5! Ld7×a4 15. Dd5–e4+ erwarten.

| 12. | Lc1–e3 | 0–0 |
| 13. | Dd1–d2 | Dd8–e7 |
| 14. | Ta1–d1 | Ld7–e8 |

Möglicherweise genauer ist 14. ... Tf8–d8.

| 15. | f2–f4 | f7–f5 |
| 16. | e4×f5 | g6×f5 |
| 17. | Tf1–e1 | d6×c5 |
| 18. | Dd2–f2 | Sc8–d6 |
| 19. | Le3×c5 | De7–d8 |
| 20. | Lc5–d4! | |

Weiß beeilt sich nicht, den Bauern zu gewinnen (20. Df2–f3). Die Hauptsache für ihn ist, die aktivste gegnerische Figur – den Läufer g7, der seinen König überdeckt – zu tauschen.

| 20. | ... | Lg7×d4 |
| 21. | Df2×d4 | Dd8–f6 |
| 22. | La4–b3+ | Kg8–h8 |
| 23. | Dd4×f6+ | Tf8×f6 |
| 24. | Te1–e7 | Ta8–c8 |
| 25. | Td1–e1 | Le8–g6 |

Natürlich ist die weiße Überlegenheit gewaltig, doch der Sieg erfordert Genauigkeit und Akkuratesse.

| 26. | Te1–e6! | Tf6×e6 |
| 27. | Lb3×e6 | Tc8–e8 |
| 28. | Te7×e8+ | Lg6×e8 |
| 29. | Sc3–a4! | |

Nach diesem feinen Manöver hat Schwarz keine Chancen auf Gegenspiel mehr. Weiß realisiert nun in Ruhe seinen Vorteil.

| 29. | ... | Kh8–g7 |
| 30. | Sa4–c5 | a6–a5 |
| 31. | Kg1–f2 | Le8–f7 |
| 32. | Le6×f7 | Kg7×f7 |
| 33. | b2–b3 | h7–h5 |
| 34. | g2–g3 | Kf7–e7 |
| 35. | Kf2–e3 | Sd6–b5 |
| 36. | Sc5–b7 | c6–c5 |
| 37. | Sb7×a5 | Ke7–d6 |
| 38. | Sa5–c4+ | Kd6–d5 |
| 39. | Ke3–d3 | Sb5–d6 |
| 40. | Sc4×d6 | c7×d6 |
| 41. | a2–a3 | |

**Schwarz gab auf.**

**Partie Nr. 18**
**Romanischin – Tukmakow**
**UdSSR 1978**

| 1. | e2–e4 | e7–e5 |
| 2. | Sg1–f3 | Sb8–c6 |

42

**3. Lf1−b5     a7−a6**
**4. Lb5−a4     Sg8−f6**
**5. d2−d4**

Dieser Zentrumsvorstoß ist voreilig und öffnet das Spiel zu früh, da den schwarzen Figuren bedeutende Bewegungsfreiheit eingeräumt wird. Schwarz muß allerdings akkurat spielen, weil Weiß in einigen Varianten heftigen Angriff bekommt (Keres).

**5. ...        e5×d4**

Der Zug 5. ... Sc6×d4 gleicht das Spiel kaum aus wegen 6. Sf3×d4 e5×d4 7. e4−e5! Sf6−e4 8. Dd1×d4 Se4−c5 9. Sb1−c3 Lf8−e7 10. Dd4−g4.

**6. 0−0        Lf8−e7**

Nach 6. ... Sf6×e4 7. Tf1−e1 d7−d5 ergibt sich die sogenannte „Rigaer Variante", die Weiß in der Regel Vorteil bringt, zum Beispiel: 8. Sf3×d4 Lf8−d6 9. Sd4×c6 Ld6×h2+ 10. Kg1−h1 Dd8−h4 11. Te1×e4+ d5×e4 12. Dd1×d8+! Dh4×d8 13. Sc6×d8! Ke8×d8 14. Kh1×h2 Lc8−e6 15. Lc1−e3 f7−f5 16. Sb1−c3 Kd8−e7 17. g2−g4! g7−g6 18. Kh2−g3! mit klarer Überlegenheit (Capablanca − Ed. Lasker, 1915).

**7. Tf1−e1!**

7. e4−e5 würde Weiß wenig Aussicht auf Eröffnungsvorteil geben. Nach 7. ... Sf6−e4 8. Sf3×d4 0−0 9. Sd4−f5 d7−d5 10. La4×c6 b7×c6 11. Sf5×e7+ Dd8×e7 12. Tf1−e1 f7−f6 ist die Stellung praktisch ausgeglichen. Mit dem Zug 7. Tf1−e1 ist die erneute Hinwendung zu diesem System in den letzten Jahren verbunden.

**7. ...        0−0**

7. ... b7−b5 bringt Weiß leichte Überlegenheit nach 8. e4−e5 Sc6×e5 9. Te1×e5 d7−d6 10. Te5−e1 b5×a4 11. Sf3×d4 Lc8−d7 12. Dd1−f3 0−0 13. Sd4−c6 Ld7×c6 14. Df3×c6.

**8. e4−e5     Sf6−e8**

Nicht zum Ausgleich reicht 8. ... Sf6−d5 9. Sf3×d4 Sc6×d4 9. Dd1×d4 Sd5−b6 10. La4−b3.

**9. c2−c3!?**

Ein modernes Gambitangebot, das Schwarz vor gewisse Probleme stellt.

**9. ...        d4×c3**
**10. Sb1×c3    d7−d6**
**11. e5×d6     Se8×d6**
**12. Lc1−f4**

In der Variante 12. Sc3−d5 Lc8−e6 13. La4×c6 b7×c6 14. Sd5×e7+ Dd8×e7 15. Dd1−c2 Le6−f5 16. Te1×e7 Lf5×c2 17. Lc1−f4 Sd6−f5 (Georgadse − Romanischin, UdSSR 1978) erreichte Weiß nichts.

**12. ...        b7−b5**
**13. La4−b3    Sd6−c4**
**14. Sc3−d5    Le7−d6**

Verlieren würde 14. ... Sc4×b2 wegen 15. Sd5×e7+ Dd8×e7 16. Te1×e7 Sb2×d1 17. Te7×c7 Sd1−c3 18. Lf4−d6.

**15. Lf4−g5    Dd8−d7?**

Wäre das sofortige 15. ... f7−f6 nicht besser?
Auf 16. Sd5×f6+ folgt 16. ... g7×f6 17. Dd1−d5+ Kg8−h8 18. Dd5×c6 Lc8−d7.

**16. Te1−e4!   f7−f6**
**17. Lg5−f4    Ld6×f4**
**18. Te4×f4    Tf8−d8**
**19. Dd1−e2!**

Ein effektvoller Zug! Auf 19. ... Dd7×d5 folgt 20. Tf4×c4 mit Gewinn.

**19. ...        Td8−e8**

| 20. | De2–c2 | Sc6–e5 |
| 21. | Sf3×e5 | Te8×e5 |

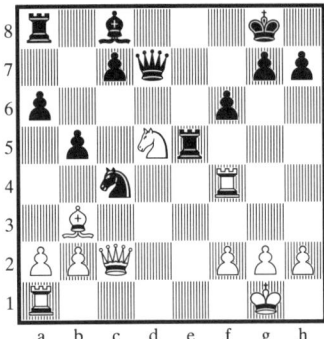

Wenig angenehm für Schwarz wäre
21. ... f6×e5 22. Lb3×c4 b5×c4
23. Dc2×c4.

| 22. | Tf4×c4! | b5×c4 |
| 23. | Dc2×c4 | Kg8–f8 |
| 24. | Sd5×c7 | Ta8–a7 |
| 25. | Dc4–g8+ | Kf8–e7 |
| 26. | Sc7–d5+ | |

**Schwarz gab auf.**
Auf 26. ... Ke7–d6 folgt 27. Dg8–f8+
Te5–e7 28. Sd5×e7.


**Partie Nr. 19**
**Spasski – Beljawski**
**Reykjavik 1988**

| 1. | e2–e4 | e7–e5 |
| 2. | Sg1–f3 | Sb8–c6 |
| 3. | Lf1–b5 | a7–a6 |
| 4. | Lb5–a4 | Sg8–f6 |
| 5. | Sb1–c3 | |

Ein Zug, der schon lange aus der Mode
gekommen ist, aber von Zeit zu Zeit trifft
man ihn in Turnieren an.

| 5. | ... | b7–b5 |
| 6. | La4–b3 | Lf8–e7 |

Zu einer schwierigen Stellung für
Schwarz führt 6. ... b5–b4? 7. Sc3–d5

Sf6×e4 8. Dd1–e2 Se4–d6 9. Sf3×e5
Sc6–d4 10. De2–e3 Sd4–f5 11. De3–f4.

| 7. | d2–d3 | d7–d6 |
| 8. | Sc3–d5 | Sf6×d5 |

Mehr Probleme für Weiß entstünden
nach 8. ... Sc6–a5 9. Sd5×e7 Dd8×e7
10. 0–0 c7–c5 11. Lc1–d2 Sa5×b3
12. a2×b3 0–0 13. Dd1–e2 Lc8–g4
(schwächer ist 13. ... Lc8–b7 14. Sf3–h4
d6–d5 15. Sh4–f5 De7–e6 16. f2–f3
Kg8–h8 17. c2–c4 mit weißem Überge-
wicht, Spasski – van der Wiel, Rotter-
dam 1988).

| 9. | Lb3×d5 | Lc8–d7 |
| 10. | c2–c3 | 0–0 |
| 11. | d3–d4 | Dd8–e8 |
| 12. | 0–0 | Ta8–d8 |
| 13. | d4×e5 | d6×e5 |
| 14. | Dd1–e2 | |

Der weiße Vorteil ist gering, aber anhal-
tend.

| 14. | ... | Le7–d6 |
| 15. | Sf3–h4 | Sc6–e7 |
| 16. | Ld5–b3 | c7–c5 |

Besser 16. ... Kg8–h8 nebst 17. ... f7–f6.

| 17. | Lc1–e3 | c5–c4 |
| 18. | Lb3–c2 | Ld7–c8 |
| 19. | Le3–b6 | Td8–d7 |
| 20. | Tf1–d1 | g7–g6 |
| 21. | b2–b3! | c4×b3 |
| 22. | Lc2×b3 | Ld6–a3 |
| 23. | De2–e3 | Td7×d1 |
| 24. | Ta1×d1 | Se7–c6? |

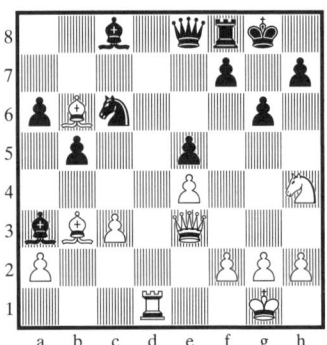

Dieser Befreiungsversuch findet eine schnelle Widerlegung. Etwas besser ist 24. ... Kg8–g7, obwohl auch diese Fortsetzung nach 25. Lb6–c5 La3×c5 26. De3×c5 f7–f6 27. Td1–d6 zu klarer Überlegenheit von Weiß führt.

**25. Sh4×g6!! h7×g6**
**26. De3–h6 Sc6–e7**

Ein interessantes Spiel entwickelt sich nach 26. ... Lc8–e6!?. Und dennoch entsteht im Falle von 27. Td1–d3 f7–f5 28. Td3–g3 Tf7–f6 29. Tg3–h3 Kg8–f7 30. Dh6–h7+ Kf7–f8 31. e4×f5! Le6×b3 32. a2×b3 Tf6×f5 33. b3–b4! De8–e6 34. Lb6–c5+ Kf8–e8 35. Dh7–b7! eine für Schwarz komplizierte Situation (Analyse von Kouatly).

**27. Lb6–c7 Se7–f5**
**28. e4×f5 Le8×f5**

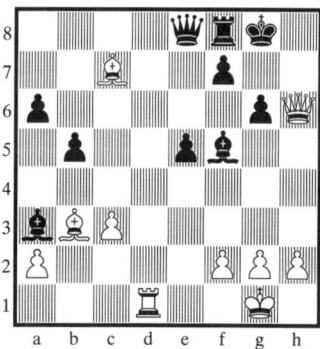

**29. g2–g4! Lf5–e4**
**30. Tf1–e1 La3–c1**

Die Kapitulation ist nahe.

| | | |
|---|---|---|
| 31. | Dh6×c1 | De8–c6 |
| 32. | Dc1–e3 | Lf3–h1 |
| 33. | De3–h3 | Dc6×c7 |
| 34. | Kg1×h1 | Tf8–e8 |
| 35. | Dh3–h6 | Dc7–c6+ |
| 36. | Kh1–g1 | Dc6–f6 |
| 37. | Te1–d1 | Df6–c6 |
| 38. | Td1–d3 | Dc6–e4 |

| | | |
|---|---|---|
| 39. | Td3–h3 | De4–e1+ |
| 40. | Kg1–g2 | De1–e4+ |
| 41. | Kg2–g3 | |

**Schwarz gab auf.**

---

**Partie Nr. 20**
**Gurgenidse – Neshmetdinow**
**Moskau 1957**

| | | |
|---|---|---|
| 1. | e2–e4 | e7–e5 |
| 2. | Sg1–f3 | Sb8–c6 |
| 3. | Lf1–b5 | a7–a6 |
| 4. | Lb5–a4 | Sg8–f6 |
| 5. | Dd1–e2 | |

Einer der möglichen Wege, um die offene Variante der Spanischen Partie zu vermeiden.

| | | |
|---|---|---|
| 5. | ... | b7–b5 |
| 6. | La4–b3 | Lf8–c5 |

Neben 6. ... Lf8–e7 der gebräuchlichste Zug, mit dem Schwarz sein Bemühen um ein lebhaftes Figurenspiel erkennen läßt.

**7. c2–c3**

Häufig kommt 7. a2–a4 vor, obwohl Schwarz nach 7. ... Ta8–b8 8. a4×b5 a6×b5 9. Sb1–c3 0–0 10. d2–d3 d7–d6 11. Lc1–g5 h7–h6 Ausgleich erhält.

| | | |
|---|---|---|
| 7. | ... | d7–d6 |
| 8. | 0–0 | 0–0 |
| 9. | Tf1–d1 | |

Das ist im allgemeinen ein Zug, der für das System mit De2 typisch ist, aber in der gegebenen Situation war er nicht unbedingt notwendig. Besser geschieht hier 9. d2–d3.

| | | |
|---|---|---|
| 9. | ... | Dd8–e7 |
| 10. | h2–h3 | Lc5–b6 |
| 11. | d2–d4 | Lc8–b7 |
| 12. | d4–d5? | |

Ein ernster positioneller Fehler, weil jetzt der Läufer b6 erwacht. Weiß mußte 12. d4×e5 und 13. Lc1–e3 spielen.

| | | |
|---|---|---|
| 12. | ... | Sc6–a5 |

**13. Lb3–c2**

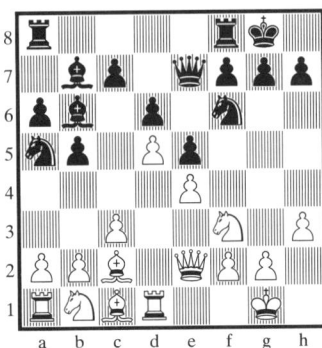

| 13. | ... | c7–c6! |
| 14. | d5×c6 | Sa5×c6 |
| 15. | Lc1–g5 | h7–h6 |
| 16. | Lg5×f6? | |

Weiß überläßt dem Gegner völlig freiwillig und ohne jeden ersichtlichen Grund den Vorteil des Läuferpaares.

| 16. | ... | De7×f6 |
| 17. | Sb1–d2 | Sc6–e7 |
| 18. | Sd2–f1 | Se7–g6 |
| 19. | g2–g3 | Df6–e6 |
| 20. | Sf1–e3? | |

Noch eine Ungenauigkeit. Besser war 20. Lc2–b3, und nun ist 20. ... De6×h3 nicht möglich wegen 21. Td1×d6 mit Angriff auf zwei Figuren.

| 20. | ... | De6×h3 |
| 21. | Td1×d6 | Lb6–c5 |
| 22. | Td6×g6 | |

Ein Versuch, den Kampf zu komplizieren und gewisse Gegenchancen zu erhalten. Auf den Rückzug des Turms könnte 22. ... f7–f5 mit entscheidendem Angriff folgen.

| 22. | ... | f7×g6 |
| 23. | Sf3×e5 | Kg8–h7 |
| 24. | Ta1–d1 | |

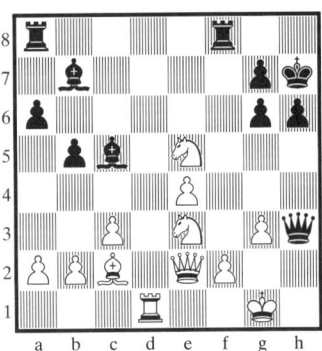

| 24. | ... | Tf8×f2! |

Nachdem Schwarz seine Figuren ideal postiert hat, realisiert er präzise sein Übergewicht. Interessnt ist, daß in der Schlußstellung die Läufer des Nachziehenden auf den Positionen verbleiben, die charakteristisch für den Figurenaufbau in diesem Eröffnungssystem sind.

**25. Kg1×f2**

Auch nicht besser wäre 25. De2×f2 Ta8–f8 26. Df2–e1 Tf8–f1+! 27. De1×f1 Lc5×e3+.

| 25. | ... | Dh3–h2+ |
| 26. | Kf2–e1 | Dh2×g3+ |
| 27. | Ke1–d2 | Dg3×e5 |
| 28. | Se3–d5 | De5–g5+ |

Weiß gab auf.

---

**Partie Nr. 21**
**Smyslow – Reschewski**
**Radiomatch UdSSR – USA 1945**

| 1. | e2–e4 | e7–e5 |
| 2. | Sg1–f3 | Sb8–c6 |
| 3. | Lf1–b5 | a7–a6 |
| 4. | Lb5–a4 | Sg8–f6 |
| 5. | 0–0 | Sf6×e4 |

Dieser Zug charakterisiert die stets aktuelle Offene Verteidigung der Spanischen Partie. Zugunsten eines lebhaften Figurenspiels nimmt Schwarz eine gewisse Schwächung seiner Bauernstruktur in Kauf.

6. d2–d4      b7–b5
7. La4–b3     d7–d5
8. d4×e5

Nichts bringt Weiß die Folge 8. Sf3×e5 Sc6×e5 9. d4×e5 c7–c6 10. c2–c3 Lf8–e7 11. Lc1–e3 0–0 ein.

8. ...         Lc8–e6
9. c2–c3       Lf8–c5

Im Vergleich mit 9. ... Lf8–e7 ist dieser Zug unzweifelhaft aktiver und mit dem Angriff auf den Punkt f2 verbunden. Sein Nachteil besteht darin, daß das sehr bequeme Rückzugsfeld c5 dem schwarzen Springer e4 genommen wird. Im großen und ganzen wird der Zug 9. ... Lf8–c5 weniger angewendet als die Entwicklung des Läufers nach e7.

10. Sb1–d2     0–0
11. Lb3–c2     f7–f5

In jüngster Zeit kam die Fortsetzung 11. ... Le6–f5 auf (siehe Partie Nr. 22).

12. Sd2–b3     Lc5–b6
13. Sf3–d4     Sc6×d4
14. Sb3×d4     Lb6×d4
15. c3×d4

J. Bogoljubow empfahl 15. Dd1×d4 c7–c5 16. Dd4–d1 f5–f4 17. f2–f3, aber nach 17. ... Se4–g5 hat Schwarz eine annehmbare Stellung.

15. ...         f5–f4

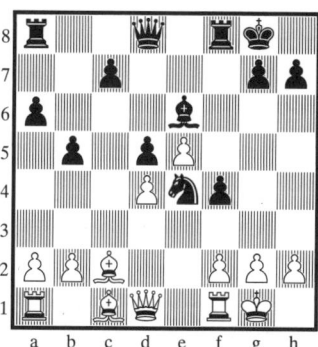

16. f2–f3       Se4–g3
17. h2×g3       f4×g3
18. Dd1–d3!     Le6–f5

Ein erzwungener Zug. Im Falle von 18. ... Dd8–h4 19. Dh3×h7+ Dh4×h7 20. Lc2×h7+ Kg8×h7 21. Lc1–d2! bekommt Weiß entscheidendes Übergewicht.

19. Dd3×f5      Tf8×f5
20. Lc2×f5      Dd8–h4
21. Lf5–h3      Dh4×d4+
22. Kg1–h1      Dd4×e5
23. Lc1–d2!

Die beste Fortsetzung. Jetzt ist eine sehr scharfe Stellung entstanden. Ihr Schicksal hängt davon ab, inwiefern Schwarz seine Bauernlawine in Gang bringen kann bzw. wie es Weiß gelingt, das Zusammenwirken seiner Türme und Läufer zu organisieren und am Königsflügel anzugreifen.

23. ...         De5×b2

Auch hier der beste Zug. Nach dem voreiligen 23. ... c7–c5 24. Ld2–c3 d5–d4 25. Ta1–e1 De5–f4 26. Te1–e4 Df4–h6 27. Lc3–e1 erhält Weiß ohne Frage Übergewicht.

24. Ld2–f4      c7–c5?

Dieses Manöver erweist sich als falsch. Im Nachhinein wurde deutlich, daß Schwarz unbedingt 24. ... d5–d4! spielen mußte, um durch den raschen Vormarsch des d-Bauern die Aktivität der weißen Figuren einzuschränken. Danach sollte der Nachziehende eigentlich ausreichende Gegenchancen erhalten, zum Beispiel 25. Lf4×g3 d4–d3 26. Ta1–d1 d3–d2.

25. Lh3–e6+     Kg8–h8
26. Le6×d5

Der gefährlichste Freibauer ist vernichtet.

26. ...         Ta8–d8
27. Ta1–d1      c5–c4
28. Lf4×g3      c4–c3

Es verliert 28. ... Db2×a2 wegen 29. Ld5×c4!.

| | | |
|---|---|---|
| 29. | Lg3–e5! | b5–b4 |
| 30. | Ld5–b3 | Td8–d2! |

Dies verhindert, daß der weiße Turm auf die siebente Reihe gelangt. Nach 30. ...Td8×d1 31. Tf1×d1 h7–h5 32. Td1–d7 Db2–b1+ 33. Kh1–h2 c3–c2 34. Td7×g7 Db1–e1 35.Tg7–g8+ Kh8–h7 36. Tg8–h8+ Kh7–g6 37. Lb3×c2+ Kg6–f7 38. Le5–g3 wäre jeder Widerstand von Schwarz sinnlos (W. Smyslow).

| | | |
|---|---|---|
| 31. | f3–f4! | h7–h5 |
| 32. | Td1–b1 | Td2–f2! |

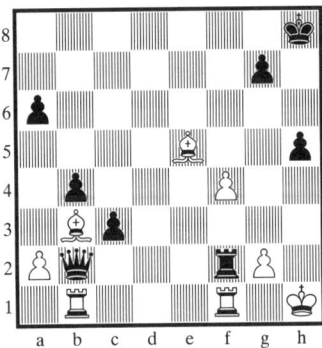

Jetzt führt 33. Tb1×b2 Tf2×f1+ 34. Kh1–h2 c3×b2 35. Le5×b2 Tf1×f4 zu einer Remisstellung.

| | | |
|---|---|---|
| 33. | Tf1–e1! | Db2–d2 |
| 34. | Tb1–d1 | Dd2–b2 |
| 35. | Td1–d8+ | |

Es beginnt die Schlußattacke.

| | | |
|---|---|---|
| 35. | ... | Kh8–h7 |
| 36. | Lb3–g8+ | Kh7–g6 |
| 37. | Td8–d6+ | Kg6–f5 |
| 38. | Lg8–e6+ | Kf5–g6 |
| 39. | Le6–d5+ | Kg6–h7 |
| 40. | Ld5–e4+ | Kh7–g8 |
| 41. | Le4–g6! | |

**Schwarz gab auf.**

Auf 41. ... Kg8–f8 folgt die Entgegnung 42. Le5×c3!.

---

**Partie Nr. 22**
**Short  –  Timman**
**Tilburg 1988**

| | | |
|---|---|---|
| 1. | e2–e4 | e7–e5 |
| 2. | Sg1–f3 | Sb8–c6 |
| 3. | Lf1–b5 | a7–a6 |
| 4. | Lb5–a4 | Sg8–f6 |
| 5. | 0–0 | Sf6×e4 |
| 6. | d2–d4 | b7–b5 |
| 7. | La4–b3 | d7–d5 |
| 8. | d4×e5 | Lc8–e6 |
| 9. | c2–c3 | Lf8–c5 |
| 10. | Sb1–d2 | 0–0 |
| 11. | Lb3–c2 | Le6–f5 |
| 12. | Sd2–b3 | Lf5–g6 |
| 13. | Lc1–f4 | |

Der gebräuchlichste Zug ist hier 13. Sf3–d4, wonach es so weitergehen könnte: 13. ... Lc5×d4 14. c3×d4 a6–a5 15. Lc1–e3 a5–a4 16. Sb3–c1 a4–a3 17. b2×a3 Ta8×a3 18. Lc2–b3 Se4–c3 19. Dd1–d2 b5–b4 20. Sc1–d3 Lg6×d3 21. Dd2×d3 Dd8–a8 mit guten Chancen für Schwarz.

| | | |
|---|---|---|
| 13. | ... | Lc5–b6 |
| 14. | a2–a4 | |

Nicht sehr überzeugend für Weiß sieht 14. Sf3–d4 Sc6–e7 15. f2–f3 c7–c5 16. f3×e4 c5×d4 17. c3×d4 Lg6×e4 18. Lc2×e4 d5×e4.

| | | |
|---|---|---|
| 14. | ... | Dd8–d7 |
| 15. | a4×b5 | a6×b5 |
| 16. | Ta1×a8 | Tf8×a8 |
| 17. | Sf3–d4 | b5–b4 |

Dies ist der Auftakt zu großen Verwicklungen.

| | | |
|---|---|---|
| 18. | Lc2–d3 | b4×c3!? |
| 19. | Ld3–b5 | |

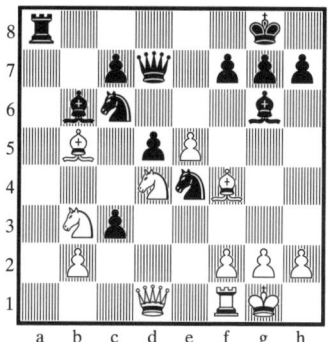

| 19. | ... | Se4×f2! |
| 20. | Tf1×f2 | Sc6×d4! |
| 21. | Lb5×d7! | |

Das Einzige. Sofort verlieren würde 21. Sb3×d4 wegen 21. ... Dd7×b5!! 22. Sd4×b5 c3×b2 nebst dem unvermeidlichen 23. ... Ta8–a1.

| 21. | ... | Sd4×b3! |

Nicht aber 21. ... c3–c2 22. Dd1×d4!.

| 22. | b2×c3 | Ta8–a1 |
| 23. | Dd1×a1 | Sb3×a1 |
| 24. | Ld7–c6 | Lg4–e4 |
| 25. | c3–c4 | Sa1–c2 |

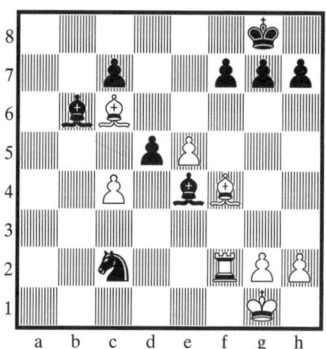

Nach zahlreichen Vereinfachungen ist die Partie in ein Endspiel mit Remischarakter übergegangen. Doch Weiß muß noch sehr genau vorgehen. So würde zum Beispiel 26. Lc6×d5 Le4×d5 27. c4×d5 Sc2–b4! 28. d5–d6 c7×d6

29. e5×d6 Sb4–d3 30. Lf4–g3 Kg8–f8 zum Sieg von Schwarz führen.

| 26. | Lf4–d2! | |

Damit wird die Beweglichkeit des schwarzen Springers wesentlich eingeschränkt.

| 26. | ... | Sc2–a3 |
| 27. | Lc6×d5 | Le4×d5 |
| 28. | c4×d5 | Sa3–c4 |
| 29. | Ld2–c3 | Kg8–f8 |

Das verlockende 29. ... Sc4–e3 wird durch 30. Tf2–a2! widerlegt.

| 30. | g2–g4 | Kf8–e8 |
| 31. | h2–h4 | g7–g6 |
| 32. | Kg1–g2 | Lb6×f2 |
| 33. | Kg2×f2 | Sc4–b6 |
| 34. | d5–d6 | c7–c6 |

Größere Probleme hätte Weiß der Zug 34. ... c7×d6 gestellt.

| 35. | Kf2–f3 | Ke8–d7 |
| 36. | Lc3–d4 | Sb6–d5 |
| 37. | h4–h5 | Kd7–e6 |
| 38. | Kf3–e4 | Sd5–b4 |
| 39. | Ld4–c3 | Sb4–d5 |
| 40. | Lc3–d4 | Sd5–b4 |
| 41. | Ld4–c3 | Sb4–d5 |

**Remis**

**Partie Nr. 23**
**Karpow – Kortschnoi**
**8. WM-Partie**
**Baguio City 1978**

| 1. | e2–e4 | e7–e5 |
| 2. | Sg1–f3 | Sb8–c6 |
| 3. | Lf1–b5 | a7–a6 |
| 4. | Lb5–a4 | Sg8–f6 |
| 5. | 0–0 | Sf6×e4 |
| 6. | d2–d4 | b7–b5 |
| 7. | La4–b3 | d7–d5 |
| 8. | d4×e5 | Lc8–e6 |
| 9. | Sb1–d2 | |

In jüngster Zeit konkurriert diese Fortsetzung mit der Hauptvariante 9. c2–c3, um die Möglichkeit zu einem scharfen taktischen Spiel zu eröffnen. Es ist charakteristisch, daß es Karpow in seinen Weltmeisterschaftskämpfen gegen Kortschnoi in Baguio City und Meran nicht gelang, einen Vorteil zu erzielen, als er 9. c2–c3 zog. Dafür erkämpfte er in den fünf Partien, wo er 9. Sb1–d2 spielte, vier Punkte!

Einmal probierte Karpow in Baguio das Keres-System 9. Dd1–e2 (12. Partie), doch nach 9. ... Lf8–e7 10. Tf1–d1 0–0 11. c2–c4 b5×c4 12. Lb3×c4 Le7–c5 13. Lc1–e3 Lc5×e3 nebst Dd8–b8 erhielt Schwarz eine vorzügliche Stellung.

| 9. | ... | Se4–c5 |
| 10. | c2–c3 | g7–g6? |

Dieser Zug ist überhaupt nicht stellungsgerecht. Auch die Fortsetzung 10. ... Sc5×b3 11. Sd2×b3 Lf8–e7 12. Sf3–d4! (Kusmin – Beljawski, UdSSR 1978) ist nur für Weiß günstig. Die offensichtlich beste Fortsetzung lautet 12. ... d5–d4, doch auch hier hat es Schwarz nicht leicht, Ausgleich zu erzielen.

Die 18. Begegnung des WM-Matchs in Meran entwickelte sich wie folgt: 11. Lb3×e6 (in Baguio hatte Karpow den effektvollen Schlag 11. Sf3–g5!? parat, aber im Falle der Annahme des Springeropfers 11. ... Dd8×g5 12. Dd1–f3 0–0–0! sind die Gegenchancen von Schwarz groß genug) 11. ... Sc5×e6 12. c3×d4 Sc6×d4 13. a2–a4! (schwierige Aufgaben stellte Karpow dem Nachziehenden auch in der 14. und 16. Partie des Weltmeisterschaftskampfes 1981 durch den Zug 13. Sd2–e4!.

| 11. | Dd1–e2 | Lf8–g7 |
| 12. | Sf3–d4! | Sc6×e5 |

Eine unbefriedigende Stellung erhält Schwarz im Falle von 12. ... Sc6×d4 13. c3×d4 Sc5×b3 14. Sd2×b3.

| 13. | f2–f4 | Se5–c4 |
| 14. | f4–f5 | g6×f5 |
| 15. | Sd4×f5 | Th8–g8 |
| 16. | Sd2×c4 | d5×c4 |
| 17. | Lb3–c2 | Sc5–d3 |

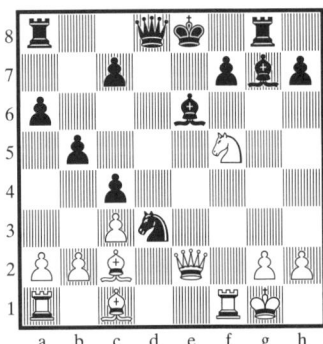

Trotz aller Bemühungen von Schwarz bleibt seine Lage schwierig, da der König keine gefestigte Position hat.

| 18. | Lc1–h6! | Lg7–f8 |
| 19. | Ta1–d1 | Dd8–d5 |
| 20. | Lc2×d3 | c4×d3 |
| 21. | Td1×d3 | Dd5–c6 |
| 22. | Lh6×f8 | Dc6–b6+ |
| 23. | Kg1–h1 | Ke8×f8 |
| 24. | De2–f3 | Ta8–e8 |
| 25. | Sf5–h6 | |

Der Auftakt zum letzten Sturm der Königsfestung.

| 25. | ... | Tg8–g7 |

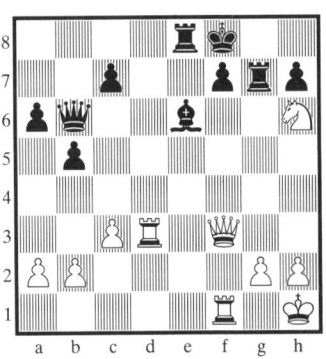

**26. Td3–d7! Te8–b8**

Im Falle von 26. ... Le6×d7 geschieht 27. Df3×f7+ Tg7×f7 28. Tf1×f7 matt. Auch nichts hilft 26. ... Te8–e7 27. Td7×e7 Kf8×e7 28. Df3–f6+.

**27. Sh6×f7 Le6×d7**
**28. Sf7–d8+!**

Schwarz gab auf. Auf 28. ... Kf8–e7 folgt 29. Df3–f8 matt.

---

**Partie Nr. 24**
**Hjartarson – Kortschnoi**
**Saint John 1988**

| 1. | e2–e4 | e7–e5 |
|----|-------|-------|
| 2. | Sg1–f3 | Sb8–c6 |
| 3. | Lf1–b5 | a7–a6 |
| 4. | Lb5–a4 | Sg8–f6 |
| 5. | 0–0 | Sf6×e4 |
| 6. | d2–d4 | b7–b5 |
| 7. | La4–b3 | d7–d5 |
| 8. | d4×e5 | Lc8–e6 |
| 9. | c2–c3 | Lf8–e7 |
| 10. | Sb1–d2 | Se4–c5 |

Die theoretischen Handbücher geben dem Zug 10. ... 0–0 den Vorrang.

| 11. | Lb3–c2 | Le6–g4 |
|-----|--------|--------|
| 12. | Tf1–e1 | Dd8–d7 |
| 13. | Sd2–f1 | |

Einen anderen Weg schlug Karpow in der 28. Partie des WM-Matchs gegen Kortschnoi in Baguio City (1978) ein: 13. Sd2–b3 Sc5–e6 14. h2–h3 Lg4–h5 15. Lc2–f5 Sc6–d8 16. Lc1–e3, aber nach 16. ... a6–a5 17. Le3–c5 a5–a4 hatte er keinen Vorteil erzielt.

| 13. | ... | Ta8–d8 |
|-----|-----|--------|

**14. Sf1–e3! Lg4–h5**

Auf 14. ... Lg4×f3 15. Dd1×f3 Sc6×e5 kann 16. Df3–g3 Sc5–d3 17. Dg3×g7 Th8–f8 18. Lc2×d3 Se5×d3 19. Te1–d1 mit weißer Überlegenheit folgen.

**15. b2–b4!**

Dieser Zug stellt Schwarz vor große Probleme. Jetzt geht 15. ... Sc5–e4 wegen 16. Se3×d5 nicht.

| 15. | ... | Sc5–e6 |
|-----|-----|--------|
| 16. | Se3–f5 | d5–d4? |

Eine unglückliche Entscheidung, genauer war 16. ... Lh5–g6.

**17. Lc2–e4! Lh5–g6**

Schwarz kann 17. ... d4×c3 wegen 18. Dd1×d7+ Ke8×d7 19. Te1–d1+ nicht spielen.

| 18. | g2–g4 | h7–h5 |
|-----|-------|-------|
| 19. | h2–h3 | Ke8–f8 |
| 20. | a2–a4 | h5×g4 |
| 21. | h3×g4 | Dd7–e8 |
| 22. | a4×b5 | a6×b5 |
| 23. | Ta1–a6 | Sc6–b8 |

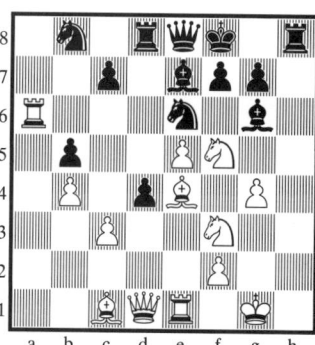

Die kritische Stellung, die entschlossenes Handeln von Weiß verlangt, ist erreicht.

| 24. | Ta6×e6! | f7×e6 |
|-----|---------|-------|
| 25. | Sf5×e7 | Lg6×e4 |
| 26. | Te1×e4 | d4×c3 |
| 27. | Se7–g6+ | Kf8–g8 |

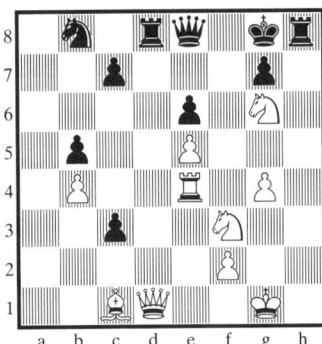

a b c d e f g h

**28. Te4–d4!**
Ein herrlicher Zug – das entscheidende Glied in der Kombination des Anziehenden.

|       |          |        |
|-------|----------|--------|
| 28.   | ...      | Td8×d4 |
| 29.   | Dd1×d4   | Th8–h3 |

Das ist des Pudels Kern: Auf 29. ... De8×g6 folgt 30. Dd4–d8+ und 31. Sf3–g5+.

**30. Sf3–g5**
und im 44. Zug gab Schwarz die Partie auf.

Partie Nr. 25
S. Grodsenski – G. Adamson
UdSSR Fernschachmeisterschaft
1977/1978

|     |        |        |
|-----|--------|--------|
| 1.  | e2–e4  | e7–e5  |
| 2.  | Sg1–f3 | Sb8–c6 |
| 3.  | Lf1–b5 | a7–a6  |
| 4.  | Lb5–a4 | Sg8–f6 |

|     |        |        |
|-----|--------|--------|
| 5.  | 0–0    | Lf8–c5 |

Dieser Zug charakterisiert das Möller-System, das Anfang des 19. Jahrhunderts sehr verbreitet war und auch häufig in der Praxis A. Aljechins vorkam.

|     |        |        |
|-----|--------|--------|
| 6.  | c2–c3  |        |

Eine logische Fortsetzung. Die Alternative lautet 6. Sf3×e5 (siehe Partien Nr. 26 und 27).

|     |        |        |
|-----|--------|--------|
| 6.  | ...    | Lc5–a7 |
| 7.  | d2–d4  | Sf6×e4 |
| 8.  | Tf1–e1 |        |

Interessant ist das wenig erforschte 8. Dd1–e2 f7–f5 9. Sb1–d2 0–0 10. Sd2×e4 f5×e4 11. De2×e4, und jetzt führt 11. ... e5×d4 12. Sf3–g5 g7–g6 13. De4–h4 Dd8–e7 14. La4–b3+ Kg8–h8 15. Lc1–f4 d4×c3 16. Ta1–e1 De7–g7 17. Sg5–f7+ Tf6×f7 18. Lf4–h6 zum Gewinn für Weiß.

|     |        |        |
|-----|--------|--------|
| 8.  | ...    | f7–f5  |
| 9.  | Te1×e4!? |      |

Dieses von dem sowjetischen Theoretiker L. Radtschenko vorgeschlagene Opfer hat nicht überall einen guten Ruf. Stark ist der traditionelle Zug Capablancas 9. Sb1–d2!, und nun ergibt 9. ... 0–0 10. Sd2×e4 f5×e4 11. Te1×e4 d7–d6 12. Lc1–g5 Dd8–e8 13. d4×e5 Lc8–f5 14. Te4–f4 ein klares Übergewicht von Weiß.

|     |        |        |
|-----|--------|--------|
| 9.  | ...    | f5×e4  |
| 10. | Lc1–g5 | Sc6–e7 |
| 11. | Sf3×e5 | 0–0    |
| 12. | Dg1–g4! |       |

Es bot sich 12. La4×d7 Lc8×d7 13. Dd1–b3+ Kg8–h8 14. Se5–f7+ Tf8×f7 15. Db3×f7 an, aber in dieser Variante reißt Schwarz effektvoll die Initiative an sich: 15. ... La7–c5! 16. d4×c5 Ld7–e6! 17. Df5–h5 Dd8–d5 18. Sb1–d2 h7–h6 19. Sd2×e4 Le6–f7 (Neukirch – Radulow, Bulgarien 1964).

|     |        |        |
|-----|--------|--------|
| 12. | ...    | c7–c6  |
| 13. | Dg4–h4 | Tf8–e8 |
| 14. | Sb1–d2 | d7–d5  |

**15. Sd2×e4 Lc8–f5**

Natürlich darf der Springer auf e4 wegen
16. La4–b3+ nicht geschlagen werden.
Unklug wäre 15. ... Dd8–c7 wegen
16. Se4–f6+ g7×f6 17. Lg5×f6 Se7–f5
18. Dh4–g5+ Sf5–g7 19. La4–c2
Te8–f8 20. Ta1–e1 Tf8×f6 21. Dg5×f6,
und Weiß verfügt über heftigen An-
griff.

**16. Se4–f6+ g7×f6**
**17. Lg5×f6 Dd8–c7**
**18. g2–g4?!**

Wie Grodsenksi angibt, mußte Weiß ener-
gischer spielen, und zwar 18. Dh4–g5+
Lf5–g6 19. La4–c2 nebst h2–h4–h5.

**18. ... Lf5–e4**
**19. Dh4–g5+ Se7–g6**
**20. Ta1–e1 h7–h6**
**21. Dg5×h6 Te8×e5**

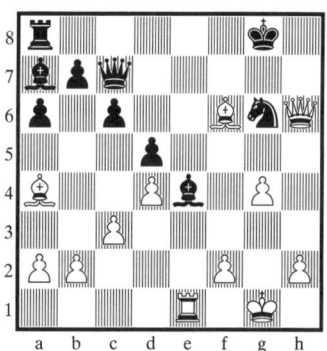

*Endstellung der Partie*

Ergebnis: Remis
Das schnelle und friedliche Ende der
Partie läßt sich folgendermaßen erklä-
ren:
Nach 22. Te1×e4 Te5×e4 23. Dh6×g6+
Kg8–f8 24. Dg6–h6+ wäre das ewige
Schach unvermeidlich, man sehe zum
Beispiel: 24. ... Kf8–e8 25. Dh6–h8+
Ke8–d7 26. Dh8–g7+ Kd7–c8
27. Dg7–h8+.

**Partie Nr. 26**
**Lytschik – Tolmatschew**
**Fernschachturnier, UdSSR**
**1979/1980**

**1. e2–e4 e7–e5**
**2. Sg1–f3 Sb8–c6**
**3. Lf1–b5 a7–a6**
**4. Lb5–a4 Sg8–f6**
**5. 0–0 Lf8–c5**
**6. Sf3×e5 Sc6×e5**
**7. d2–d4 Sf6×e4**

Schlecht für Schwarz wäre 7. ... Se5–f3+
8. Dd1×f3! Lc5×d4 9. e4–e5.

**8. Dd1–e2!**

8. d4×e5 Se4×f2 9. Dd1–d5 Dd8–e7
10. b2–b4 Sf2–h3+ 11. Kg1–h1 Sh3–f2+
bringt Weiß nur Remis ein.

**8. ... Lc5–e7**
**9. De2×e4 Se5–g6**
**10. f2–f4**

Die Theorie verhält sich mißtrauisch ge-
genüber diesem Zug. Als stärkste Fort-
setzung wird 10. c2–c4 eingeschätzt,
wonach 10. ... 0–0 11. Sb1–c3 f7–f5
12. De4–d3 zu einer besseren Stellung
von Weiß führt.

**10. ... 0–0**
**11. f4–f5 d7–d5**
**12. De4–d3 Sg6–h4**
**13. g2–g3 c7–c5!**

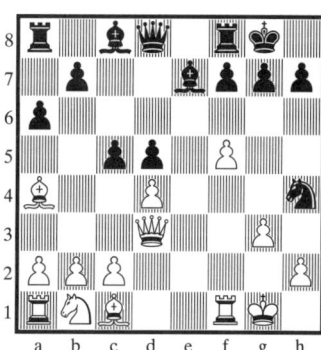

**14. g3×h4**

In der Partie Lytschik – Mazukewitsch (UdSSR 1977/1978) geschah 14. d4×c5 Le7×c5+ 15. Kg1–h1 b7–b5 16. La4–b3 Lc8–b7 17. g3×h4 d5–d4+ 18. Kh1–g1 Dd8×h4, und Schwarz bekam unwiderstehlichen Angriff. Einen Versuch, dieses System zu rehabilitieren, unternahm Zapata (siehe Partie Nr. 27).

**14. ... b7–b5**
**15. d4×c5**

Zukunftsträchtiger ist 15. Lc1–g5!? Le7×g5 16. h4×g5 Dd8×g5+ 17. Dd3–g3 Dg5×g3+ 18. h2×g3 b5×a4 19. d4×c5 Lc8–d7 20. Sb1–c3 Ta8–c8 21. Ta1–d1 Tc8×c5 22. Sc3×d5 Td8–e8 mit Aussicht auf Remis.

**15. ... Le7×c5+**
**16. Lc1–e3 Lc5×e3+**
**17. Dd3×e3 Tf8–e8**
**18. De3–f2**

Auf 18. De3–g3 folgt 18. ... b5×a4 19. f5–f6 g7–g6 20. Dg3–g5 Dd8–b6+ 21. Kg1–h1 Lc8–b7, und Weiß kann nicht 19. Dg5–h6 ziehen wegen 19. ... d5–d4+ 20. Kh1–g1 d4–d3+ nebst Matt im nächsten Zuge.

**18. ... b5×a4**
**19. Sb1–c3 Te8–e5**
**20. Ta1–d1**

Wahrscheinlich besser ist die Fortsetzung 20. f5–f6.

**20. ... Lc8×f5**
**21. Sc3×a4**

Das stärkere 21. Df2–d4 hätte Weiß mehr Hoffnungen auf einen hartnäckigen Kampf geboten, zum Beispiel: 21. ... Dd8–d6 22. Sc3×d5 Dd6–g6+? 23. Kg1–f2 Ta8–e8 24. Dd4×e5! Te8×e5 25. Sd5–e7+.

**21. ... Dd8–e7**
**22. Sa4–b6 Ta8–d8**
**23. c2–c4 Td8–d6**
**24. h2–h3 Td6–g6+**
**25. Kg1–h1 Lf5–e4+**
**26. Kh1–h2 Te5–f5**

**Weiß gab auf.**

---

**Partie Nr. 27**
**Zapata – Torre**
**Saloniki 1988**

| 1. | e2–e4 | e7–e5 |
|----|-------|-------|
| 2. | Sg1–f3 | Sb8–c6 |
| 3. | Lf1–b5 | Sg8–f6 |
| 4. | 0–0 | Lf8–c5 |
| 5. | Sf3×e5 | Sc6×e5 |
| 6. | d2–d4 | a7–a6 |
| 7. | Lb5–a4 | Sf6×e4 |
| 8. | Dd1–e2! | Lc5–e7 |
| 9. | De2×e4 | Se5–g6 |
| 10. | f2–f4 | 0–0 |
| 11. | f4–f5 | d7–d5 |
| 12. | De4–d3 | Sg6–h4 |
| 13. | g2–g3 | c7–c5! |
| 14. | d4×c5 | Le7×c5+ |
| 15. | Kg1–h1 | Dd8–a5!? |

Ein neuer Zug, der offensichtlich stärker als der früher übliche 15. ... b7–b5 ist.

| 16. | La4–b3 | Sh4×f5 |
| 17. | Lc1–d2 | |

Es stellt sich heraus, daß jetzt 17. Tf1×f5 Lc8×f5 18. Dd3×f5 wegen 18. ... Da5–e1+ nicht geht.

| 17. | ... | Da5–b5! |
| 18. | Dd3×b5 | a6×b5 |
| 19. | Sb1–c3 | |

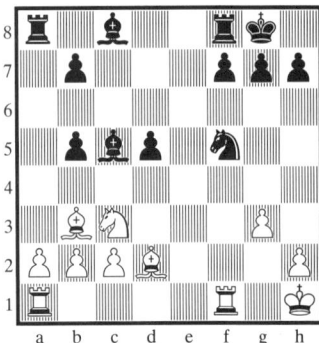

Nun entsteht der Eindruck, daß Weiß den Bauern zurückgewinnt und eine ganz gute Stellung erhält, aber Schwarz besitzt zusätzliche Ressourcen.

| 19. | ... | Sf5–d4! |
|---|---|---|
| 20. | Lb3×d5 | |

Ungünstig für Weiß wäre 20. Sc3×d5 Sd4×b3 21. a2×b3 Ta8×a1 22. Tf1×a1 Lc8–f5.

| 20. | ... | Sd4×c2 |
|---|---|---|
| 21. | Ta1–c1 | Sc2–b4 |
| 22. | Ld5–e4 | Lc8–h3 |
| 23. | Tf1–f4 | Ta8–d8 |
| 24. | Sc3–b1 | |

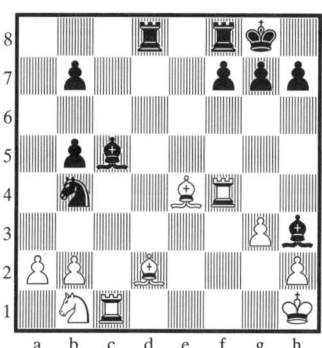

Es scheint, als komme Weiß jetzt zum Luftholen, aber alles ist nicht so einfach.

| 24. | ... | f7–f5! |
|---|---|---|
| 25. | Ld2×b4 | |

Nichts Gutes bringt dem Anziehenden die Variante 25. Tc1×c5 f5×e4 26. Tf4×f8+ Td8×f8 27. Tc5–c1 Sb4–d3.

| 25. | ... | Lc5–e3!! |
|---|---|---|

Noch eine Überraschung. Drei weiße Figuren sind angegriffen, und der König steht unglücklich. Auf das natürliche 26. Lb4×f8 folgt 26. ... Le3×c1, und die materiellen Verluste für Weiß sind nicht zu vermeiden.

| 26. | Tc1–e1 | Le3×f4 |
|---|---|---|
| 27. | Lb4×f8 | f5×e4 |
| 28. | Lf8–b4 | |

Der Zug 28. Lf8×g7 würde zu folgendem effektvollen Finale führen: 28. ... Lf4–e3 29. Lg7–f6 Td8–d3 30. Sb1–c3 Lh3–g4 31. h2–h4 Lg4–f3+ 32. Kh1–h2 Td3–d2+ 33. Kh2–h3 h7–h5!, und gegen

34. ... Lf3–g4+ gibt es keine Verteidigung.

| 28. | ... | Lf4–d6 |
|---|---|---|
| 29. | Lb4×d6 | Td8×d6 |
| 30. | Sb1–c3 | b5–b4! |
| 31. | Te1–d1 | b4×c3! |

Nicht spielbar ist 32. Sc3×e4 wegen 32. ... Td6–e6.

**Weiß gab auf.**

**Partie Nr. 28**
**Karpow – Zeschkowski**
**Moskau 1976**

| 1. | e2–e4 | e7–e5 |
|---|---|---|
| 2. | Sg1–f3 | Sb8–c6 |
| 3. | Lf1–b5 | a7–a6 |
| 4. | Lb5–a4 | Sg8–f6 |
| 5. | 0–0 | b7–b5 |
| 6. | La4–b3 | Lc8–b7 |

Dieser Zug führt zur sogenannten Archangelsker Variante. Seine Hauptidee besteht in einem aktiven Figurenspiel, bei dem das Läuferpaar von Schwarz auf den weißen Königsflügel zielt.

| 7. | Tf1–e1 | |
|---|---|---|

Das ist die gebräuchlichste Fortsetzung. Andere Züge eröffnen Schwarz größere Möglichkeiten für einen gleichwertigen Kampf, zum Beispiel 7. d2–d4 Sc6×d4 8. Sf3×d4 e5×d4 9. e4–e5 Sf6–e4 10. c2–c3 d4×c3 11. Dd1–f3 d7–d5 12. e5×d6 Dd8–f6 13. Tf1–e1 0–0–0 (Makarytschew – Michaltschischin, UdSSR 1978).

| 7. | ... | Lf8–c5 |
|---|---|---|
| 8. | c2–c3 | d7–d6 |
| 9. | d2–d4 | Lc5–b6 |
| 10. | Lc1–g5 | h7–h6 |
| 11. | Lg5–h4 | Dd8–d7!? |

Schwarz hat keine Angst davor, daß seine Bauernstruktur am Königsflügel leiden könnte, falls 12. Lg5×f6 geschieht. Dafür erhielte er als Gegenwert den Vorteil des Läuferpaares und die Herrschaft über die g-Linie.

| 12. | a2–a4 | 0–0–0 |
|-----|-------|-------|
| 13. | a4×b5 | a6×b5 |
| 14. | Sb1–a3 | g7–g5 |
| 15. | Lh4–g3 | |

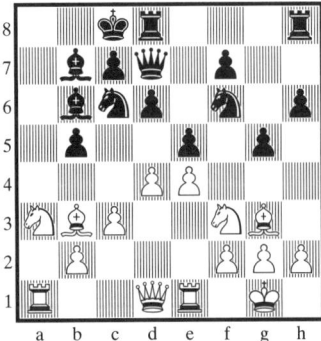

| 15. | ... | e5×d4!? |
|-----|-----|---------|
| 16. | Sa3×b5 | Td8–e8 |
| 17. | Sb5×d4 | Sc6×d4 |
| 18. | Sf3×d4 | Sf6×e4 |
| 19. | Lb3–a4! | c7–c6 |

Weiß hat einen bedeutenden Erfolg aufzuweisen: der Läufer b7 ist vom Spiel ausgeschlossen.

| 20. | La4–c2 | d6–d5? |

Ungünstig ist auch 20. ... f7–f5? 21. Sd4×f5! Dd7×f5 22. Te1×e4! Te8×e4 23. Dd1×d6 Lb6×f2+ 24. Lg3×f2, aber nach 20. ... Se4×g3 21. h2×g3 Te8×e1+ 22. Dd1×e1 Th8–f8 erhält Schwarz eine genügend feste Stellung.

| 21. | Lc2×e4 | Te8×e4 |
|-----|--------|--------|
| 22. | Te1×e4 | d5×e4 |

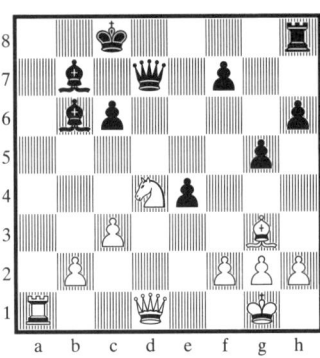

**23. Dd1–b3!**
Darin liegt die Quintessenz der weißen Idee. Auf 23. ...Lb6×d4 folgt 24. Ta1–a8+ Lb7×a8 25. Db3–b8 matt.

| 23. | ... | Lb6–c7 |
|-----|-----|--------|
| 24. | Db3–b4! | |

Macht das Feld b3 für den Springer frei.

| 24. | ... | Lc7×g3 |
|-----|-----|--------|
| 25. | h2×g3 | e4–e3 |
| 26. | f2×e3 | Th8–e8 |
| 27. | Sd4–b3 | Te8–e5 |
| 28. | Sb3–c5 | Dd7–e7 |
| 29. | Ta1–a5 | |

**Schwarz gab auf.**
Es droht einfach 30. Sc5×b7, und auf 29. ... Te5×e3 folgt 30. Ta5–a7.

**Partie Nr. 29**
**Perez – Valdez**
**Pina del Rio 1988**

| 1. | e2–e4 | e7–e5 |
|-----|-------|-------|
| 2. | Sg1–f3 | Sb8–c6 |
| 3. | Lf1–b5 | a7–a6 |
| 4. | Lb5–a4 | Sg8–f6 |
| 5. | 0–0 | b7–b5 |
| 6. | La4–b3 | Lc8–b7 |
| 7. | Tf1–e1 | Lf8–c5 |
| 8. | c2–c3 | d7–d6 |
| 9. | d2–d4 | Lc5–b6 |
| 10. | Lc1–g5 | 0–0!? |

Eine originielle Entscheidung. Schwarz
setzt sich dem Feuer des Gegners aus.

**11. Dd1–d3    h7–h6**
**12. Lg5–h4    g7–g5!?**

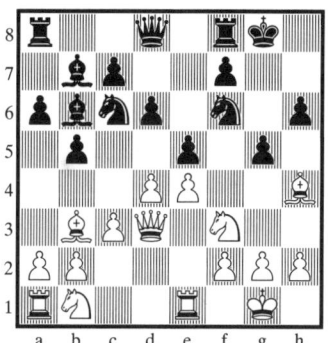

**13. Sf3×g5!?**
Wenn Weiß dieses Angebot nicht an-
nimmt und 13. Lh4–g3 spielt, so erhält
er nach 13. ... Sc6–e7 14. h2–h4 Sf6–h5
15. h4×g5 Sh5×g3 16. f2×g3 c7–c5 eine
aussichtslose Stellung.

**13. ...        h6×g5**
**14. Lh4×g5    e5×d4**
**15. Dd3–g3    Kg8–g7!**
**16. f2–f4**

Weiß droht 17. Lg5×f6+ Kg7×f6
18. Dg3–g5 matt. Nichts bringt
16. Lg5–f4+ wegen 16. ... Kg7–h8!
17. Dg3–h4+ Sf6–h7.

**16. ...        Tf8–g8**
**17. e4–e5     d4×c3+**
**18. Kg1–h1    d6×e5**
**17. f4×e5**

Es scheint so, als wandele Schwarz am
Rande des Abgrunds. Das natürliche
19. ... Sc6×e5 führt nach 20. Lg5×f6+
Kg7×f6 21. Dg3×e5+ Kf6×g6 22. Te1–f1
(oder 22. Sb1×c3) zu großem Überge-
wicht von Weiß. Doch es folgt eine über-
raschende Erwiderung.

**19. ...        Sf6–h5!**
**20. Dg3–g4    Sc6–d4!!**

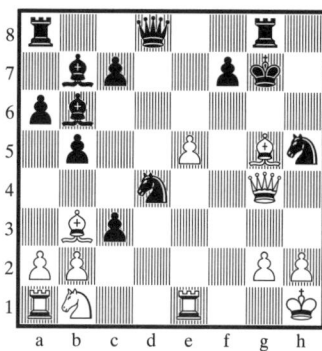

Dieser Zug würde noch mehr an Stärke
gewinnen, wenn Weiß zuvor 20. Dg3–h4
gespielt hätte. In diesem Falle entstün-
den folgende effektvolle Varianten:
21. Lg5×d8 Kg7–h6! 22. Te1–e4 Sd4–f5
und 23. ... Lb7×e4 oder 21. Dh4×h5
Lb7×g2+! 22. Kh1×g2 Dd8×g5+
23. Dh5×g5+ Kg7–h8 24. Sb1×c3
Tg8×g5+ 25. Kg2–f1 Ta8–g8 mit Matt-
drohung (Valdez).

**21. Sb1×c3!**
Unglaublich, aber wahr. Weiß verzichtet
auf das Schlagen der feindlichen Dame
und auch noch mit Schach! Nach
21. Lg5×d8+ Kg7–f8 22. Ld8–e7+
(besser ist 22. Ld8–g5) Kf8×e7
23. Dg4–h4+ Ke7–f8 hat Weiß einen
schweren Stand. 21. Dg4×h5 geht nicht
wegen der Entgegnung 21. ... Lb7×g2+!
22. Kh1×g2 Dd8×g5! 23. Dg4×g5
Kg7–h8.

**21. ...        Kg7–f8**
**22. Lg5–h6+**
Nichts taugt 22. h2–h4 wegen der Fort-
setzung 22. ... Dd8×g5! 23. h4×g5
Tg8–h8.

**22. ...        Kf8–e7**
**23. Lh6–g5+  Ke7–f8**
**24. Lg5–h6+  Kf8–e7**
**25. Dg4–h4+  Ke7–d7**
**26. Dh4–h3+  Kd7–e7**
**Remis**

Partie Nr. 30
van der Wiel  –  Georgiew
Wijk aan Zee 1988

| | | |
|---|---|---|
| 1. | e2–e4 | e7–e5 |
| 2. | Sg1–f3 | Sb8–c6 |
| 3. | Lf1–b5 | a7–a6 |
| 4. | Lb5–a4 | Sg8–f6 |
| 5. | 0–0 | Lf8–e7 |
| 6. | Tf1–e1 | b7–b5 |
| 7. | La4–b3 | 0–0 |
| 8. | d2–d4 | |

Eine der zahlreichen Möglichkeiten, den Marshall-Angriff zu umgehen.

| | | |
|---|---|---|
| 8. | ... | Sc6×d4!? |

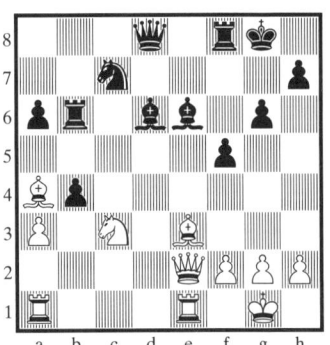

Die ruhigste Antwort an dieser Stelle ist 8. ... d7–d6, was nach 9. c2–c3 zu einem verbreiteten System (9. d2–d4 ohne h2–h3) führt (siehe Partie Nr. 33).

| | | |
|---|---|---|
| 9. | Sf3×d4 | |

Ein interessantes und unklares Spiel entsteht nach 9. Lb3×f7+ Tf8×f7 10. Sf3×e5 Tf7–f8 (wenig reizvoll für Schwarz wäre die Folge 10. ... Sd4–c6 11. Se5×f7 Ke8×f7 12. e4–e5 Sf6–g8 13. Dd1–d5+ Kf7–f8 14. Te1–e3) 11. Dd1×d4 c7–c5 12. Dd4–d1 Dd8–c7 13. Se5–g4 Sf6×g4 14. Dd1×g4 d7–d5 15. Dg4–h5.

| | | |
|---|---|---|
| 9. | ... | e5×d4 |
| 10. | e4–e5 | Sf6–e8 |
| 11. | Dd1×d4! | |

Typisch für derartige Stellungen ist die Fortsetzung 11. c2–c3.

| | | |
|---|---|---|
| 11. | ... | c7–c5 |
| 12. | Dd4–e4 | Se8–c7 |
| 13. | c2–c4! | b5×c4 |
| 14. | Lb3–c2! | |

Nach 14. Lb3×c4 d7–d5 15. e5×d6 Le7×d6 gleicht Schwarz das Spiel aus.

| | | |
|---|---|---|
| 14. | ... | g7–g6 |
| 15. | Sb1–c3 | Ta8–b8 |
| 16. | Lc2–a4! | Tb8–b6! |

Nicht möglich ist 16. ... d7–d5 wegen 17. e5×d6 Le7×d6 18. Lc1–h6.

| | | |
|---|---|---|
| 17. | De4×c4? | |

Bislang spielte Weiß vorzüglich und hätte nach 17. Te1–d1 Tb6–e6 18. Lc1–f4 dauerhaftes Übergewicht besessen.

| | | |
|---|---|---|
| 17. | ... | d7–d5 |
| 18. | e5×d6 | Le7×d6 |
| 19. | a2–a3 | |

Der Anziehende nimmt den Punkt b4 unter Kontrolle. Verlieren würde 19. Lc1–h6 Tb6–b4 nebst 20. ... Dd8–h4.

| | | |
|---|---|---|
| 19. | ... | Lc8–e6 |
| 20. | Dc4–e2 | f7–f5 |
| 21. | b2–b4? | |

Und dies ist bereits ein ernsthafter Fehler. Notwendig war 21. Te1–d1! Dd8–h4 22. g2–g3 Dh4–f6 23. Td1×d6! Tb6×d6 24. Lc1–f4 Tf8–d8 25. Lf4×d6 Td8×d6 26. Ta1–d1 mit leichtem Vorteil (Analyse von Ljubojević).

| | | |
|---|---|---|
| 21. | ... | c5×b4 |
| 22. | Lc1–e3 | |

| 22. | ... | b4×c3 |
|---|---|---|
| 23. | Le3×b6 | Dd8–h4 |
| 24. | f2–f4 | |

Nicht hilft 24. g2–g3 (oder h2–h3) wegen 24. ... Dh4×a4 25. Lb6×c7 Le6–c4!.

| 24. | ... | Dh4×f4 |
|---|---|---|
| 25. | Lb6×c7 | Df4×h2+ |
| 26. | Kg1–f1 | Dh2–h1+ |
| 27. | Kf1–f2 | Dh1–h4+ |
| 28. | Kf2–f1 | Le6–c4 |
| 29. | La4–b3! | Lc4×b3 |
| 30. | Lc7×d6 | Lb3–c4 |
| 31. | Ld6×f8 | Dh4–f4+! |
| 32. | Kf1–g1 | Lc4×e2 |

**Weiß gab auf.**

Auf 33. Te1×e2 entscheidet 33. ... c3–c2! 34. Te2×c2 Df4–d4+.

**Partie Nr. 31**
**Stein – Spasski**
**Moskau 1964**

| 1. | e2–e4 | e7–e5 |
|---|---|---|
| 2. | Sg1–f3 | Sb8–c6 |
| 3. | Lf1–b5 | a7–a6 |
| 4. | Lb5–a4 | Sg8–f6 |
| 5. | 0–0 | Lf8–e7 |
| 6. | Tf1–e1 | b7–b5 |
| 7. | La4–b3 | 0–0 |
| 8. | c2–c3 | d7–d5!? |

Der berühmte Marshall-Angriff – eines der interessantesten Gambitsysteme. Er befindet sich seit mehr als 70 Jahren im Zentrum der Aufmerksamkeit von Theoretikern und Praktikern.

**9. e4×d5**

Wenn Weiß mit 9. d2–d4?! fortsetzt, kann er schwerlich die Initiative erhalten. Nach 9. ... e5×d4 10. e4–e5 Sf6–e4 11. c3×d4 Lc8–g4 besitzt Schwarz zumindest Ausgleich.

**10. ... Sf6×d5**

Aus der Praxis verschwand die „Supergambit-Fortsetzung" 9. ... e5–e4, auf die das natürliche 10. d5×c6 die beste Antwort ist, und jetzt erhält Weiß nach 10. ... e4×f3 11. d2–d4 (nicht aber 11. Dd1×f3 Lc8–g4 12. Df3–g3 Tf8–e8 13. d2–d4 Le7–d6 14. Te1×e8+ Dd8×e8 15. Dg3–e3 De8×c6 mit vortrefflichen Angriffsmöglichkeiten von Schwarz) 11. ... Le7–d6 12. Lc1–g5 Ld6×h2+ 13. Kg1×h2 Sf6–g4+ 14. Kh2–g1 Dd8×g5 15. Dd1×f3 h7–h5 einen Mehrbauern bei guter Stellung.

| 10. | Sf3×e5 | Sc6×e5 |
|---|---|---|
| 11. | Te1×e5 | c7–c6 |

In der historischen Partie Capablanca – Marshall, in der Schwarz erstmalig dieses System anwendete, spielte er 11. ... Sd5–f6 und erhielt gewisse Gegenchancen. In der Folgezeit erlosch das Interesse an der Variante 12. d2–d4 Le7–d6 13. Te5–e2.

**12. d2–d4**

Häufig kommt 12. Lb3×d5 c6×d5 13. d2–d4 vor, und jetzt bringt 13. ... Le7–d6 14. Te5–e3 Dd8–h4 15. h2–h3 f7–f5 Schwarz ein aktives Spiel, das den Bauern kompensiert.

| 12. | ... | Le7–d6 |
|---|---|---|
| 13. | Te5–e1 | |

Möglich ist auch der Rückzug des Turms nach e2. Weiter folgte darauf in der Begegnung Sax – Nunn (Brüssel 1988) 13. ... Dd8–h4 14. g2–g3 Dh4–h3 15. Sb1–d2 Lc8–f5! 16. a2–a4!?, und hier mußte Schwarz anstelle von 16. ... Ta8–e8 besser 16. ... Lf5–d3 spielen mit der Folge 17. Te2–e1 Ta8–e8 18. Sd2–f3 Te8×e1 19. Dd1×e1 h7–h6, und der Nachziehende hat ein gutes Spiel.

| 13. | ... | Dd8–h4 |
|---|---|---|
| 14. | g2–g3 | Dh4–h3 |
| 15. | Lc1–e3 | |

Dieser Entwicklungszug sieht logischer als 15. Te1–e4 aus, wonach Schwarz

15. ... g7–g5! ziehen muß. Die entstehenden Verwicklungen (16. Dd1–f3 Lc8–f5 17. Lb3–c2! Ld6–f4! 18. Sb1–d2 Sd5–f6 19. Te4–e1 Lf5×c2 20. g3×f4 g5–g4) enden mit einer ungefähr gleichen Stellung.

**15. ...**     **Lc8–g4**
**16. Dd1–d3**     **Ta8–e8**
**17. Sb1–d2**     **Te8–e6**

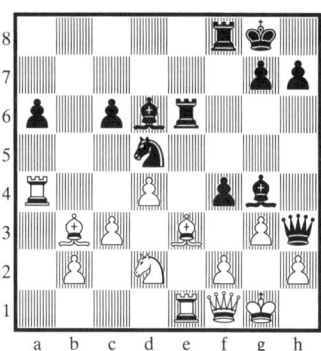

Schwarz vermeidet den natürlichen Zug 20. ... Dh3–h5. Nach 21. f2–f4 Tf8–b8 22. Lb3×d5 c6×d5 23. Ta4×a6 Tb8–a8 entsteht eine für diese Variante charakteristische Stellung. In einer Partie Short – Pinter geschah 24. Df1–b5! Dh5–f7 25. h2–h3 Lg4–h5 (auf 26. ... Lg4×h3 ist 27. Sd2–f3 h7–h6 28. Sf3–e5 günstig) 26. Db5×d5, und Weiß gewann rasch.

**21. Df1×h3**     **Lg4×h3**
**22. Ta4×a6**

Im Grunde ein erzwungenen Figurenopfer.

**22. ...**     **f4×e3**
**23. Te1×e3!**

Das ist besser als 23. f2×e3 Ld6–e7 24. Ta6×c6 Te6×c6 25. Lb3×d5+ Tc6–e6, wonach Schwarz Kompensation in Gestalt des starken Läuferpaares besitzt.

**23. ...**     **Te6×e3**

Nicht aber 23. ... Sd5×e3 wegen 24. Ta6×c6.

**24. f2×e3**     **Ld6–e7**
**25. Ta6×c6**

Später wurde festgestellt, daß der Zug 25. e3–e4 Weiß Gewinnchancen eingeräumt hätte.

**25. ...**     **Le7–g5!**
**26. Lb3×d5+**     **Kg8–h8**

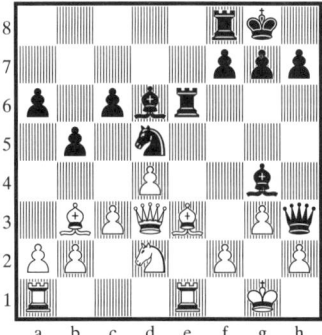

Eine der Stellungen, die den Theoretikern lange Zeit keine Ruhe läßt.

**18. a2–a4**

Andere Möglichkeiten an dieser Stelle sind 18. Lb3–d1 (siehe Partie Nr. 32) und 18. c3–c4!? oder das wenig aktive 18. Dd3–f1.

**18. ...**     **b5×a4**

Spasski setzt genau wie in seiner Partie gegen Nowopaschin (UdSSR 1963) fort, die sehr schnell zu Ende war: 19. Ta1×a4 f7–f5 20. f2–f4? Ld6×f4! 21. Le3–f2 Te6×e1+ 22. Lf2×e1 Tf8–e8, und Weiß kapitulierte, weil auf 23. Le1–f2 die Antwort 23. ... Lg4–e2 folgt.

**19. Ta1×a4**     **f7–f5**
**20. Dd3–f1!**     **f5–f4?!**

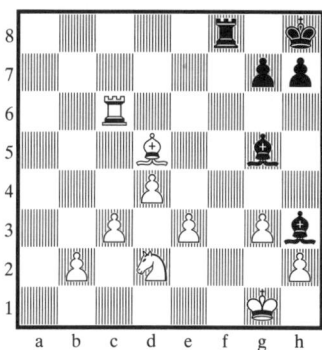

Ohne Frage verdient diese Stellung ein Diagramm. Weiß besitzt nicht weniger als vier(!) und dazu noch verbundene Freibauern, aber es ist nicht zu erkennen, wie er diese Überlegenheit zur Geltung bringen kann. Das naheliegende 27. Sd2–f3 brächte ihm nach 27. ... Lg5×e3+ 28. Kg1–h1 Tf8–a8 29. Sf3–g1 Ta8–a1 große Unannehmlichkeiten.

27. Ld5–g2!    Lg5×e3+
28. Kg1–h1    Lh3×g2+
29. Kh1×g2    Le3×d2
30. b2–b4      g7–g5!

Schwarz droht, um den weißen König herum ein Mattnetz zu knüpfen (31. ... g5–g4 nebst Ld2–e3).

31. g3–g4      Ld2–e1
32. d4–d5
Remis

Partie Nr. 32
Ljubojević – Nunn
Amsterdam 1988
1. e2–e4       e7–e5
2. Sg1–f3     Sb8–c6
3. Lf1–b5     a7–a6
4. Lb5–a4     Sg8–f6
5. 0–0         Lf8–e7
6. Tf1–e1     b7–b5

7. La4–b3      0–0
8. c2–c3       d7–d5
9. e4×d5       Sf6×d5
10. Sf3×e5     Sc6×e5
11. Te1×e5     c7–c6
12. d2–d4      Le7–d6
13. Te5–e1     Dd8–h4
14. g2–g3      Dh4–h3
15. Lc1–e3     Lc8–g4
16. Dd1–d3     Ta8–e8
17. Sb1–d2     Te8–e6

Gut bekannt ist auch der Zug 17. ...f7–f5!?. Möglich ist danach dieser Spielverlauf: 18. f2–f4 Kg8–h8 19. Lb3×d5 c6×d5 20. a2–a4 g7–g5 21. Dd3–f1 Dh3–h5 22. a4×b5 a6×b5 23. f4×g5 Te6×e3 24. Te1×e3 f5–f4 25. g3×f4 Ld6×f4 26. Tf3–g3 mit weißer Überlegenheit.

18. Lb3–d1      Lg4×d1

Im gleichen Turnier setzte Nikolić gegen Ljubojević mit 18. ... Lg4–f5 fort, hatte aber nach 19. Dd3–f1 Tf8–e8 20. Df5×h3 Lf5×h3 21. Ld1–b3 keine Kompensation für den Bauern.

19. Ta1×d1      f7–f5!
20. Sd2–f3      Te6–g6!

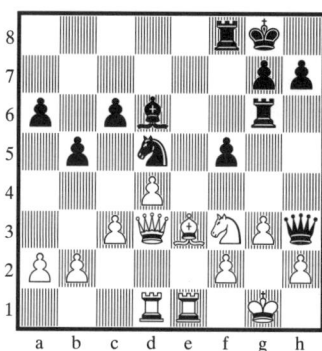

Schwarz konnte seine Figuren günstig postieren und zielt nun auf den Punkt g3.

21. Dd3–f1      Dh3–h5
22. Sf3–e5      Ld6×e5
23. d4×e5       f5–f4

**24. Le3–c1      Tg6–h6!**
Das natürliche 24. ... f4×g3 25. h2×g3
Tg6×g3+ 26. f2×g3 Tf8×f1+ 27. Te1×f1
führt zum Ausgleich, doch Schwarz will
mehr.

**25. Df1–g2      f4–f3**
**26. Dg2–h1      Tg6–e6**
**27. h2–h4       Te6×e5**

Gut wäre auch 27. ... Tf8–e8 oder
27. ... Tf8–f5, noch besser aber scheint
27. ... Dh5–f5! zu sein, wodurch der
weißen Dame das Feld h3 genommen
wird.

**28. Dh1–h3      Te5×e1**
**29. Td1×e1      Tf8–e8**

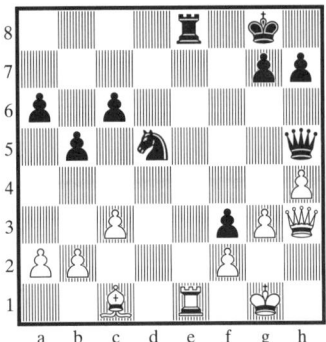

**30. Te1–e6!     h7–h6**
Nichts bringt 30. ... Dh5–f7 wegen
31. Te6×c6!.

**31. Lc1–e3      Sd5×e3**
**32. Te6×e3      Te8×e3**
**33. f2×e3**
**Remis**

---

**Partie Nr. 33**
**van der Wiel  –  Timman**
**Tilburg 1983**
**1. e2–e4        e7–e5**
**2. Sg1–f3       Sb8–c6**

**3. Lf1–b5       a7–a6**
**4. Lb5–a4       Sg8–f6**
**5. 0–0          Lf8–e7**
**6. Tf1–e1       b7–b5**
**7. La4–b3       d7–d6**
**8. c2–c3        0–0**
**9. d2–d4**

An dieser Stelle wird vorwiegend
9. h2–h3 gespielt, aber diese Fort-
setzung muß überhaupt nicht zu den
Akten gelegt werden, darüber gibt die
Turnierpraxis der vergangenen Jahre
Auskunft. Einen großen Beitrag zur
Wiedergeburt dieses Systems leisteten
R. Fischer, W. Zeschkowski und A. Bel-
jawski.

**9. ...           Lc8–g4**
**10. Lc1–e3**

Größere Chancen für Weiß, um die
Überlegenheit zu kämpfen, bietet der
Zug 10. d4–d5 mit der möglichen Folge
10. ... Sc6–a5 11. Lb3–c2 c7–c6
12. h2–h3 Lg4×f3 13. Dd1×f3 c6×d5
14. e4×d5 Sa5–c4 15. Sb1–d2 und
kompliziertem Spiel.

**10. ...          e5×d4**
**11. c3×d4        d6–d5!?**

Eine interessante, wenn auch wenig un-
tersuchte Fortsetzung. In der Regel
spielt man hier 11. ... Sc6–a5 12. Lb3–c2
nebst 12. ... c7–c5 (so geschehen in der
Begegnung Fischer – Kortschnoi,
Stockholm 1962), um das Spiel am
Damenflügel schnell in Gang zu brin-
gen.

**12. e4–e5        Sf6–e4**
**13. h2–h3        Lg4–h5**
**14. g2–g4?!**

Eine verständliche Entscheidung. Weiß
ist entschlossen, in breiter Front am Kö-
nigsflügel anzugreifen.

**14. ...          Lh5–g6**
**15. Sf3–h2**

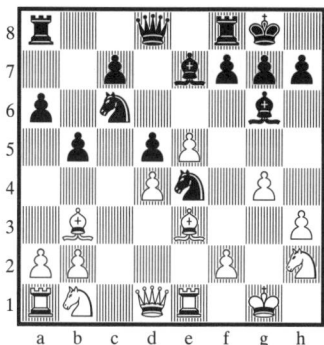

Es droht 16. f2–f3, aber Weiß hat das nun folgende Läufermanöver von Schwarz total unterschätzt.

**15. ...**      **Le7–b4!**

Auf den Wegzug des Turms würde 16. ... Dd8–h4 folgen.

**16. f2–f3!?**

Der Anziehende weicht nicht vom eingeschlagenen Weg ab.

| 16. ... | Lb4×e1 |
|---|---|
| 17. Dd1×e1 | Se4–g5 |
| 18. Sb1–c3 | |

Falsch wäre 18. f3–f4 wegen 18. ... Sg5×h3+ 19. Kg1–g2 Sh3×f4+ und 20. ... Sc6×d4.

| 18. ... | Sg5–e6 |
|---|---|
| 19. Lb3×d5 | Sc6×d4! |
| 20. Ta1–d1 | c7–c5 |
| 21. f3–f4?! | |

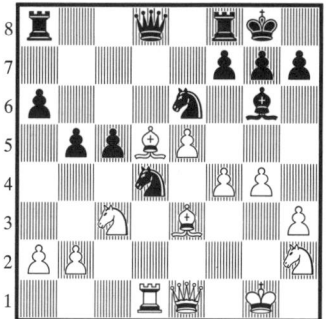

Diese riskante Aktion findet eine elegante Widerlegung: Weiß mußte 21. Ld5×a8 spielen, aber in diesem Falle sieht die schwarze Stellung natürlich eleganter aus.

| 21. ... | b5–b4! |
|---|---|
| 22. Ld5×a8 | b4×c3 |
| 23. La8–g2 | c3×b2 |
| 24. f4–f5 | |

Es scheint so, als ob Weiß seine Idee verwirklicht und den Läufer g6 aus dem Spiel ausgeschaltet hat, aber Timmen sah alles voraus.

| 24. ... | Sd4×f5 |
|---|---|
| 25. Td1×d8 | Tf8×d8 |
| 26. Le3–g5 | |

Auch 26. De1–b1 rettet wegen 26. ... Td8–d1+! 27. Db1×d1 Sf5×e3 nicht.

| 26. ... | Se6×g5 |
|---|---|
| 27. De1–b1 | |

Jetzt ist 27. ... Td8–d1+ unmöglich, da das Feld d8 ungeschützt bliebe.

**27. ...**      **Td8–b8!**

**Weiß gab auf.**

**Partie Nr. 34**
**Ehlvest – Nikolić**
**Reykjavik 1988**

| 1. e2–e4 | e7–e5 |
|---|---|
| 2. Sg1–f3 | Sb8–c6 |
| 3. Lf1–b5 | a7–a6 |
| 4. Lb5–a4 | Sg8–f6 |
| 5. 0–0 | Lf8–e7 |
| 6. Tf1–e1 | b7–b5 |
| 7. La4–b3 | 0–0 |
| 8. c2–c3 | d7–d6 |
| 9. h2–h3 | a6–a5 |

Diese Fortsetzung hat zwar bei den Theoretikern keinen besonders guten Ruf, ist aber in jüngster Zeit immer häufiger in der Praxis anzutreffen.

## 10. d2–d3

Gewöhnlich wird hier 10. d2–d4 gespielt. Weiß hat keine Angst vor dem drohenden Abtausch seines Läufers nach 10. ... e5×d4 11. c3×d4 a5–a4 12. Lb3–c2 Sc6–b4, weil 13. d4–d5! ihm klare Überlegenheit bringt. In einer Partie gegen Psachis setzte Smagin mit 10. ... a5–a4 11. Lb3–c2 Lc8–d7 fort, erhielt aber nach 12. Lc1–e3 e5×d4 13. c3×d4 Sc6–b4 14. Sb1–c3 Sb4×c2 15. Dd1×c2 b5–b4 16. Sc3–e2 c7–c5 17. d4–d5 eine schwierige Stellung.
Seltener kommt 10. a2–a4 vor (siehe Partie Nr. 35).

**10.      ...            a5–a4**
**11.  Lb3–c2        Lc8–d7**

Dieser normale Entwicklungszug ist keinesfalls schlechter als das früher gebräuchliche 11. ... Lc8–e6 oder 11. ... Tf8–e8.

**12.  Sb1–d2        Dd8–b8?!**

Doch diese Fortsetzung mit dem freiwilligen „Exil" des schwarzen Dame ruft gewisse Zweifel hervor.

**13.  d3–d4          Db8–b7**
**14.  Sd2–f1**

Weiß entfaltet in aller Ruhe seine Streitkräfte.

**14.      ...            e5×d4**
**15.  c3×d4          Sc6–b4**
**16.  Lc2–b1         Ta8–d8**
**17.  Sf1–g3         Tf8–e8**
**18.  Lc1–d2         Sb4–a6**

Die Zeit aktiver Handlungen ist gekommen.

**19.  e4–e5          d6×e5**
**20.  d4×e5          Sf6–d5**
**21.  Sf3–g5         h7–h6**

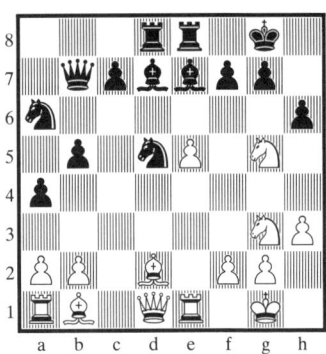

Wenig reizvoll wäre die Fortsetzung 21. ... g7–g6 22. Dd1–f3 Le7×g5 (ganz schlecht ist 22. ... Te8–f8 23. Sg5×h7 Kg8×h7 24. Df3–h5+ Kh7–g8 25. Lb1×g6 f7×g6 26. Dh5×g6+ Kg8–h8 27. Sg3–h5 Tf8–f7 28. Dg6×f7 Ta8–g8 29. Te1–e4) 23. Lc1×g5 Td8–c8 24. Lb1–e4 Ld7–e6 25. Sg3–h5!

**22.  Dd1–c2!?**

Kein schlechter Zug, noch stärker aber war 22. Sg5×f7! Kg8×f7 23. Dd1–h5+ Kf7–g8 (wenn 23. ... Kf7–f8, so folgt 24. Ld2×h6) 24. Dh5–g6 Le7–f8 25. Dg6–h7+ Kg8–f7 26. Lb1–g6+ Kf7–e7 27. Ld2×h6, und Schwarz ist ohne Verteidigung.

**22.      ...            Le7×g5**

Auf 22. ... f7–f5 könnte es folgendermaßen weitergehen 23. e5×f6 Sd5×f6 24. Sg3×h5! h6×g5 25. Dc2–g6 Sf6×h5 26. Dg6–h7+ Kg8–f8 27. Dh7–h8+ Kf8–f7 28. Dh8×h5+ Kf7–f8 29. Lb1–g6 Db7–d5 30. Ld2–c3 Le7–f6 31. Lc3×f6 g7×f6 32. Dh5–h8+ Dd5–g8 33. Dh8×f6 nebst Matt (Analyse von Ehlvest).

**23.  Dc2–h7+       Kg8–f8**

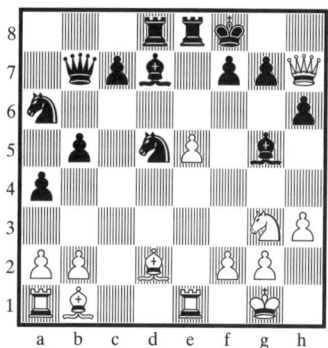

**24. e5–e6!!    f7×e6**

24. ... Ld7×e6 geht nicht wegen 25. Sg3–f5, und das Matt ist nicht zu verhindern.

**25. Ld2×g5    h6×g5**
**26. Lb1–g6!**

Mit der Drohung 27. Sg3–f5!.

**26. ...    Sd5–f6**
**27. Dh7–h8+    Sf6–g8**
**28. Lg6–h7    Td8–b8**
**29. Sg3–f5!**

Schwarz streckte die Waffen, da er mattgesetzt wird.

**Partie Nr. 35**
**Kowaljow – Kupreitschik**
**Blagowestschensk 1988**

| | | |
|---|---|---|
| 1. | e2–e4 | e7–e5 |
| 2. | Sg1–f3 | Sb8–c6 |
| 3. | Lf1–b5 | a7–a6 |
| 4. | Lb5–a4 | Sg8–f6 |
| 5. | 0–0 | Lf8–e7 |
| 6. | Tf1–e1 | b7–b5 |
| 7. | La4–b3 | 0–0 |
| 8. | c2–c3 | d7–d6 |
| 9. | h2–h3 | a6–a5 |
| 10. | a2–a4 | b5–b4 |
| 11. | d2–d4 | b4×c3 |
| 12. | Sb1×c3!? | |

Das sieht überzeugender aus als 12. b2×c3 e5×d4 13. Sf3×d4 Sc6×d4 14. c3×d4 d6–d5 15. e4–e5 Sf6–e4 16. Lc1–a3 Le7–b4! 17. La3×b4 a5×b4 mit gutem Spiel für Schwarz (Hübner – Agdestein, Wijk aan Zee 1988).

| | | |
|---|---|---|
| 12. | ... | Sc6×d4 |
| 13. | Sf3×d4 | e5×d4 |
| 14. | Dd1×d4 | Ta8–b8 |
| 15. | Lb3–c4 | Tb8–b4?! |

Eine überhastete Aktion. Offensichtlich mehr Probleme für Weiß hätte die Zugfolge 15. ... c7–c6 16. b2–b3 Lc8–e6 17. Lc1–a3 Le6×c4 18. Dd4×c4 d6–d5 19. La3×e7 d5×c4 20. Le7×d8 Tf8×d8 21. b3×c4 Td8–d4 mit sich gebracht.

| | | |
|---|---|---|
| 16. | b2–b3 | Lc8–e6 |
| 17. | Lc1–a3 | Sf6–d7 |
| 18. | Sc3–d5! | c7–c5 |

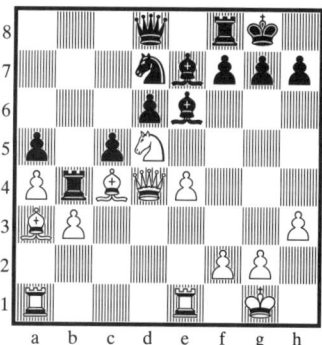

**19. Sd5×e7+!**

Dieser Zug weicht von der üblichen Schablone ab. Weiß tauscht seinen zentralisierten Springer gegen den schwarzen Läufer und erhält dafür die Kontrolle über die schwarzen Felder.

| | | |
|---|---|---|
| 19. | ... | Dd8×e7 |
| 20. | Dd4–c3 | Tb4–b7 |
| 21. | Lc4–b5! | Tf8–b8 |
| 22. | Te1–e3 | |

Noch ein sehr exakter Zug; die Überlegenheit von Weiß wird entscheidend, und Schwarz verliert die Nerven.

| | |
|---|---|
| 22. ... | Tb7×b5?! |
| 23. a4×b5 | Tb8×b5 |
| 24. La3−b2 | f7−f6 |
| 25. Dc3−d2 | Sd7−b6 |
| 26. Ta1×a5 | Tb5−b4 |
| 27. Te3−d3! | |

Es zeigt sich, daß die chronische Schwäche des Bauern d6 ein aktives Spiel des schwarzen Springers verhindert.

| | |
|---|---|
| 27. ... | Sb6−c8 |
| 28. Ta5−a8 | Kg8−f7 |
| 29. Dd2−e2 | De7−b7 |

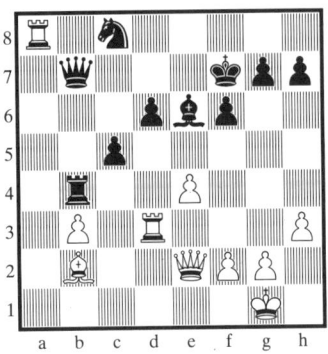

Der entscheidende Sturm beginnt.

| | |
|---|---|
| 30. De2−h5+ | Kf7−e7 |

Spielt Schwarz 30. ... Kf7−f8, so wird er nach 31. Td3×d6 Db7×a8 32. Td6−d8+ mattgesetzt.

| | |
|---|---|
| 31. Td3−g3! | Ke7−f8 |

Der Turm auf a8 kann wegen der Drohung 32. Tg3×g7+ nebst 33. Dh5×h7 nicht genommen werden.

| | |
|---|---|
| 32. Dh5×h7 | Tb4×b3 |
| 33. Dh7−h8+ | Le6−g8 |
| 34. Ta8×c8+ | |

Schwarz gab auf.

**Partie Nr. 36**
**Neshmetdinow − Estrin**
**Baku 1951**

| | |
|---|---|
| 1. e2−e4 | e7−e5 |
| 2. Sg1−f3 | Sb8−c6 |
| 3. Lf1−b5 | a7−a6 |
| 4. Lb5−a4 | Sg8−f6 |
| 5. 0−0 | b7−b5 |
| 6. La4−b3 | d7−d6 |
| 7. c2−c3 | Lf8−e7 |
| 8. Tf1−e1 | 0−0 |
| 9. h2−h3 | Lc8−e6 |

Diese, oft von M. Botwinnik gebrauchte Fortsetzung verfolgt das Ziel, den starken weißfeldrigen Läufer des Anziehenden zu tauschen, der in vielen Varianten auf den schwarzen Königsflügel zielt.

| | |
|---|---|
| 10. d2−d4 | |

Keine Chance auf Eröffnungsvorteil bietet 10. Lb3×e6 f7×e6 11. d2−d4 Dd8−d7 12. d4×e5 d6×e5 13. Dd1×d7 Sf6×d7 14. Lc1−e3 Sd7−c5 15. Le3×c5 Le7×c5 (Boleslawski − Botwinnik, 1941).

| | |
|---|---|
| 10. ... | Le6×b3 |
| 11. Dd1×b3 | |

Als stärkster Zug gilt 11. a2×b3, wonach Weiß gute Möglichkeiten für einen Bauernangriff am Damenflügel erhält.

| | |
|---|---|
| 11. ... | Dd8−d7 |

Ein anderer möglicher Plan ist mit der Überführung der Dame auf ihren Flügel − 11. ... Dd8−b8 verbunden. Möglich ist auch 11. ... Tf8−e8 (siehe Partie Nr. 37).

| | |
|---|---|
| 12. Sb1−d2 | Tf8−e8 |
| 13. Sd2−f1 | e5×d4?! |

Damit gibt Schwarz zu früh und ohne jede Notwendigkeit das Zentrum auf.

| | |
|---|---|
| 14. c3×d4 | Sc6−a5 |
| 15. Db3−c3 | Sa5−c4 |

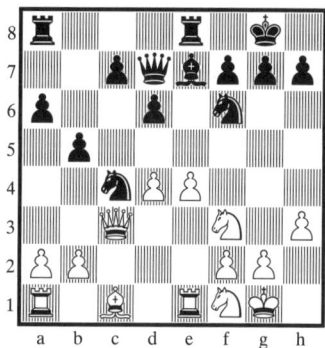

16. Sf1–g3      c7–c5
17. b2–b3       Sc4–b6
18. Lc1–b2      b5–b4

Aufmerksamkeit verdiente 18. ... c5–c4
19. Sg3–f5 Le7–f8.

19. Dc3–d2      a6–a5
20. d4×c5       d6×c5
21. Dd2–g5!

Weiß provoziert eine leichte Schwä-
chung des Bauernschutzes um den
gegnerischen König.

21. ...          h7–h6
22. Dg5–f4       c5–c4
23. Lb2–d4       Ta8–a6
24. Sg3–f5       Dd7–e6

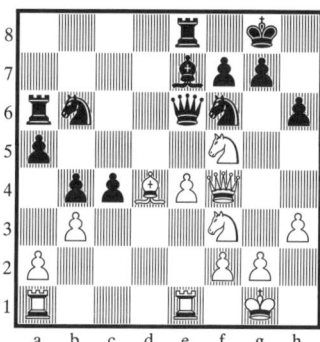

25. Ld4×b6       Ta6×b6
26. Sf5×g7!      Kg8×g7
27. Sf3–d4

Der Springer strebt dem Punkt f5 entge-
gen, um seinen gefallenen Kollegen zu
ersetzen.

27. ...          De6–c8

Nichts an der Situation würde der
Damenrückzug nach d7 ändern. Nach
28. Sd4–f5+ Kg7–g8 29. Df4–g3+
Sf6–g4 30. Dg3×g4+ Tg8–g6
31. Sf5×h6+ geht die schwarze Königin
verloren.

28. Sd4–f5+      Kg7–g8
29. Df4–g3+      Sf4–g4
30. Dg3×g4+

Schwarz gab auf.


Partie Nr. 37
Joseliani – Tschiburdanidse
4. WM-Partie
Telawi 1988

1. e2–e4        e7–e5
2. Sg1–f3       Sb8–c6
3. Lf1–b5       a7–a6
4. Lb5–a4       Sg8–f6
5. 0–0          Lf8–e7
6. Tf1–e1       b7–b5
7. La4–b3       d7–d6
8. c2–c3        0–0
9. h2–h3        Lc8–e6
10. d2–d4       Le6×b3
11. Dd1×b3      Tf8–e8
12. Sb1–d2      e5×d4?!
13. c3×d4       Sc6–a5
14. Db3–d1      c7–c5
15. Sd2–f1      Le7–f8
16. Sf1–g3      Sa5–c6?!

Klar besser war 16. ... c5×d4, denn jetzt
gewinnt Weiß wertvolle Zeit.

17. d4–d5!      Sc6–e5
18. Sf3×e5      Te8×e5
19. Lc1–f4      Te5–e8
20. Dd1–f3      Sf6–d7

Auf 20. ... g7–g6 wäre 21. e4–e5 d6×e5
22. Lf4×e5 sehr unangenehm für
Schwarz.

| 21. | Sg3–f5 | Sd7–e5 |
|---|---|---|
| 22. | Df3–g3 | Kg8–h8 |

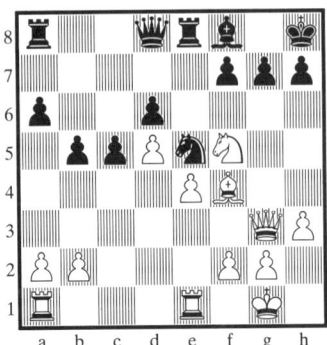

**23. a2–a4!**
Eine positionelle Falle. Auf 23. ... b5–b4
folgt 24. Lf4×e5 Te8×e5 25. Dg3–d3
mit dem anschließenden Manöver
Sf5–e3–c4.

| 23. | ... | Dd8–d7 |
|---|---|---|
| 24. | a4×b5 | Dd7×b5 |
| 25. | Lf4×e5 | Te8×e5 |
| 26. | Dg3–c3! | |

Die weiße Dame nimmt jetzt eine ausge-
sprochen bequeme Stellung ein.

| 26. | ... | Kh8–g8 |
|---|---|---|
| 27. | Ta1–a5 | Db5–e8 |
| 28. | Sf5–g3 | h7–h5?! |

Zurückhaltender war 28. ... g7–g6.

| 29. | f2–f4 | Te5–e7 |
|---|---|---|
| 30. | e4–e5 | d6×e5 |
| 31. | f4×e5 | Ta8–d8 |
| 32. | Ta5×c5 | Te7×e5 |
| 33. | Te1×e5 | Lf8×c5+ |
| 34. | Kg1–h1 | De8–b5 |
| 35. | Te5×h5 | Lc5–d6 |
| 36. | Th5–g5 | g7–g6 |

Verlieren würde 36. ... Ld6–f8 37. Sg3–h5
g7–g6 38. Sh5–f6+ Kg8–h8 39. Dc3–f3
mit der Drohung 40. Df3–h5+ g6×h5
41. Tg5–g8 matt.

| 37. | Dc3–f6 | Db5–e8 |
|---|---|---|
| 38. | Sg3–e4! | |

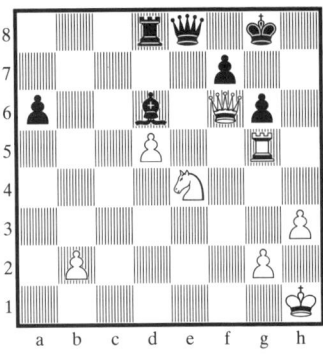

**38. ... Ld6–e7?**
Damit gestattet Schwarz seinem Gegner
eine effektvolle Erwiderung. Er mußte
unbedingt 38. ... Ld6–f8! 39. Tg5–e5
De8–d7 spielen, um auf 40. d5–d6 die
Antwort 40. ... Lf8–g7! parat zu haben.
Nach 41. Te5–e7 Dd7–f5 42. Df6×f5
g6×f5 43. d6–d7 Kg8–f8 hält er das
Gleichgewicht.

| 39. | Tg5–e5!! | Le7×f6 |
|---|---|---|
| 40. | Se4×f6+ | Kg8–f8 |
| 41. | Sf6×e8 | |

**Schwarz gab auf.**
Auf 41. ... Td8×e8 folgt 42. Te5×e8+
Kf8×e8 43. h3–h4 Ke8–d7 44. g2–g4
Kd7–d6 45. h4–h5.

**Partie Nr. 38**
**Pawlowitsch – Smagin**
**Jerewan 1988**

| 1. | e2–e4 | e7–e5 |
|---|---|---|
| 2. | Sg1–f3 | Sb8–c6 |
| 3. | Lf1–b5 | a7–a6 |
| 4. | Lb5–a4 | Sg8–f6 |
| 5. | 0–0 | Lf8–e7 |
| 6. | Tf1–e1 | b7–b5 |
| 7. | La4–b3 | 0–0 |
| 8. | c2–c3 | d7–d6 |
| 9. | h2–h3 | Sf6–d7 |

Ein Plan, der von M. Tschigorin in die Turnierpraxis eingeführt wurde. Mit diesem Verteidigungszug des Springers will Schwarz den Punkt e5 befestigen.

**10. d2–d3**

Die Hauptfortsetzung ist 10. d2–d4, wonach diese Abspiele möglich sind: 10. ... Lf6, zum Beispiel 11. a4 Sa5 12. Lc2 Sb6 13. ab ab mit kompliziertem Spiel oder 10. ... Sb6 11. Sbd2 Lf6 12. d5 Sa5 13. Lc2 c6 14. dc Dc7 15. Sf1 Dc6: 16. Se3 mit leichtem, aber dauerhaftem Vorteil von Weiß (Wasjukow – Smyslow, Meisterschaft der UdSSR 1967).

**10. ... Sd7–c5**

Ein neuer Zug. Früher spielte man 10. ... Sa5 11. Lc2 c5 12. Sbd2 Sc6 13. Sf1 Sb6 14. Se3 Le6 15. d4 cd 16. ed Sd4: 17. Sd4: ed 18. Dd4: Tac8 19. Dd3 g6 mit etwa gleichen Chancen (Bannik – Awerbach, UdSSR-Meisterschaft 1965).

**11. Lb3–d5**

Möglich war auch 11. Lc2 Lf6 12. b4!? Sd7 13. a4 Lb7 14. Sa3, und Weiß besitzt mehr vom Spiel.

| 11. | ... | Lc8–b7 |
| 12. | d3–d4 | Sc5–d7 |
| 13. | Sb1–d2 | Le7–f6 |
| 14. | Sd2–f1 | Sd7–b6 |
| 15. | Ld5–b3 | Tf8–e8 |
| 16. | Sf1–h2 | Sc6–a5 |
| 17. | Lb3–c2 | h7–h5?! |

Schwarz will den weißen Springer nicht nach g4 lassen, aber besser war 16. ... Lc8, weil nun die g-Linie geöffnet wird.

| 18. | g2–g4! | Lb7–c8 |
| 19. | Kg1–g2 | h5×g4 |
| 20. | Sh2×g4 | |

Mit der Idee, den Angriff auf der g-Linie zu führen.

| 20. | ... | Sb6–d7 |

**21. Kg2–h2**

Die Stellung kann bereits als sehr günstig für Weiß eingeschätzt werden.

| 21. | ... | Lc8–b7 |

Das bedeutet Zeitverlust. Weiß schließt das Zentrum, und der Läufer des Gegners wird vom Spiel ausgeschlossen.

**22. d4–d5! Kg8–h7**

Auf diese Weise hofft Schwarz, seinen Turm auf der h-Linie aktivieren zu können, aber es ist zu spät.

**23. Te1–g1 Te8–h8**

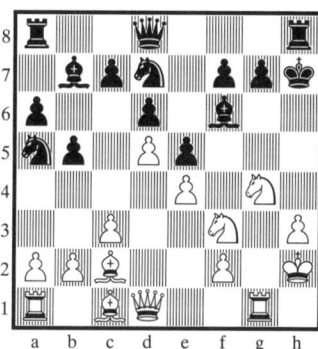

**24. Sf3–d4!**

Ein effektvolles Manöver. Der weiße Springer strebt nach f5, die Tatsache ausnutzend, daß auf 24. ... ed einfach 25. e5+ folgt.

**24. ... g7–g6**

**25. Sd4–f5**

Weiß bietet seinen Springer an.

**25. ... Lf6–g5?**

Der entscheidende Fehler. Unbedingt notwendig war 25. ... Kg8, wonach Weiß die Attacke mittels 26. Df3 fortgesetzt hätte.

**26. Sg4×e5 d6×e5**

Auf 26. ... Lc1: gewinnt 27. Dh5+! gh 28. Tg7 matt.

| 27. | Lc1×g5 | f7–f6 |
| 28. | Lg5–e3 | Dd8–f8 |
| 29. | Dd1–g4 | Df8–f7 |

**30. Tg1–g3!**
Mit der Idee 31. Tag1.
**30. ... Kh7–g8**
**31. Sf5–e7+**
Schwarz gab auf.


**Partie Nr. 39**
**Tal – Gligorić**
**Kandidatenmatch 1968**
1. e2–e4      e7–e5
2. Sg1–f3      Sb8–c6
3. Lf1–b5      a7–a6
4. Lb5–a4      Sg8–f6
5. 0–0      Lf8–e7
6. Tf1–e1      b7–b5
7. La4–b3      d7–d6
8. c2–c3      0–0
9. h2–h3      h7–h6

Dieser Zug wurde 1959 von W. Smyslow in die Praxis eingeführt. Die Idee der Fortsetzung ist sehr einfach: das Feld g5 soll nicht durch den weißen Springer besetzt werden (bzw. in einigen Fällen ebenfalls nicht durch den Läufer c1). Schwarz nimmt eine Umgruppierung seiner Figuren vor (der Tf8 geht nach e8, der Le7 nach f8) und befestigt den wichtigen Punkt e5. Später wurde die Smyslow-Variante eng mit anderen modernen Systemen (Breyer und Saizew) verbunden. Einer der größter Anhänger dieser Systeme war S. Gligorić, der viele interessante Ideen in sie einbrachte.

10. d2–d4      Tf8–e8
11. Sb1–d2      Le7–f8
12. Sd2–f1

Ein für das geschlossene System typisches Manöver. Der andere gebräuchliche Zug an dieser Stelle ist 12. a2–a3 mit nachfolgendem 13. Lb3–c2.

**12. ... Lc8–b7**
Dieser Zug sieht aktiver aus als Lc8–d7, aber er hat auch einen gewissen Nachteil, weil der Punkt f5 nun ohne Schutz ist.

13. Sf1–g3      Sc6–a5
14. Lb3–c2      Sa5–c4

Schwarz bringt seinen Springer in eine aktive Position, und im Falle von 15. b2–b3 erhält er einen guten Platz auf b6.

**15. a2–a4**
Weiß will Schwächen im schwarzen Lager schaffen.

**15. d6–d5!**

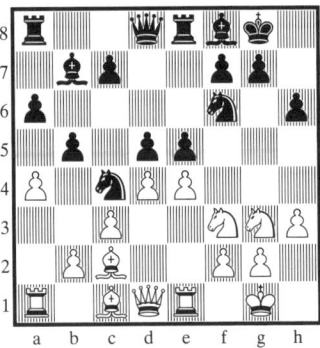

Nach 15. ... c7–c5 16. b2–b3 Sc4–b6 17. d4–d5! c5–c4 18. b3–b4 Lb7–c8 19. Lc1–e3 hat Schwarz offensichtliche Schwierigkeiten (Fischer – Gligorić, Zagreb 1970).

**16. b2–b3**
Jeder Versuch der sofortigen Vereinfachung des Spiels führt zum schnellen Ausgleich, zum Beispiel 16. Sf3×e5 Sf6×e4 17. a4×b5 a6×b5 18. Ta1×a8 Lb7×a8 19. Se5×c4 b5×c4 20. Lc2×e4 d5×e4 21. Dd1–a4 Lb7–d5 (Matulović – Gligorić, Sarajevo 1969).

**16. ... d5×e4**
**17. Sg3×e4      Sf6×e4**

**18. Lc2×e4    Lb7×e4**
**19. Te1×e4    Dd8–d5!**
Ein wichtiger Zwischenzug. Schwarz zentralisiert nicht nur seine Dame, sondern bedroht auch den Bauern b3.
**20. Te4–g4    Sc4–a5**
**21. Lc1×h6**
21. Sf3×e5 ist wegen 21. ... Te8×e5 nicht möglich.
Nichts bringt Weiß auch die Folge 21. a4×b5 Sa5×b3 22. c3–c4 Dd5×c4 23. d4×e5 Ta8–d8! 24. Dd1×d8 Te8×d8 25. Tg4×c4 a6×b5! ein.
**21. ...    Sa5×b3**

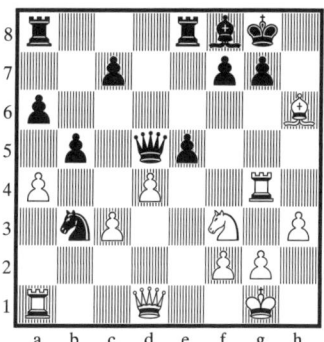

Die kritische Stellung, die mehrmals zwischen Tal und Gligorić vorkam. Im Jahre 1967 in Budva spielte Tal 22. Ta1–b1, und nach 22. ... b5×a4! 23. Sf3×e5 f7–f5? 24. Tg4–g3 gewann er. In der fünften Partie des Matchs gegen Gligorić (1968) kehrte Tal erneut zu dem Abspiel 22. Ta1–b1 b5×a4 23. Sf3×e5 zurück, aber dieses Mal folgte 23. ... Dd5–e6!, und nun forcierte Tal nach 24. Dd1–f3 c7–c5 mit dem Zug 25. Lh6×g7! das Remis.
**22. Ta1–a3!?    b5×a4**
22. ... Lf8×a3? 23. Tg4×g7+ Kg8–h8 24. Sf3–g5 Te8–e7 25. Dd1–h5 würde zum Mattangriff führen.
**23. Ta3×a4    Ta8–b8!**

Ein starker Zug. Schwarz deckt nicht nur den Springer b3, sondern droht, die b-Linie zu besetzen.
**24. Ta4×a6    e5×d4**
Aufmerksamkeit verdient auch der Zug 24. ... c7–c5.
**25. c3×d4**
Weiß hält den Druck aufrecht. Zum Remis würde 25. Sf3×d4 Sb3×d4 26. Dd1×d4 Tb8–b1+ 27. Kg1–h2 Lf8–d6+ 28. Lh6–f4 führen.
**25. ...    c7–c5**
**26. Lh6–e3    Tb8–b4?!**
Gligorić ist der Ansicht, daß 26. ... Tb8–a8 stärker sei. Nach 27. Ta6×a8 Te8×a8 28. Dd2–c2 Ta8–a1+ 29. Kg1–h2 f7–f5 steht Schwarz überlegen.
**27. Tg4–g5!    Dd5–b7**
**28. Ta6–h6!    Sb3×d4**
Dieser Zug ist riskant. Aufmerksamkeit verdiente 28. ... g7–g6, wodurch Weiß zu einem Turmopfer gezwungen wird: 29. Th6×g6+ f7×g6 30. Tg5×g6+ Lf8–g7 31. Sf3–g5 Tb4–b6 32. Dd1–h5 Tb6×g6 33. Dh5–h7+ Kg8–f8 34. Dh7×g6 Db7–e7 mit Remistendenz.
**29. Sf3×d4    Tb4–b1**
**30. Le3–c1    Db7–b2?**
Das ist bereits ein ernsthafter Fehler. Das natürliche 30. ... c5×d4 würde Schwarz absolut keine Schwierigkeiten bereiten: 31. Dd1–h5 Tb1×c1+ 32. Kg1–h2 Db7–c7+ 33. g2–g3 g7–g6 34. Th6–h8+ Kg8–g7 35. Dh5–h6+ Kg7–f6 36. h6–h4 Tc1–h1+ 37. Kh2×h1 Dc7–c1 und 38. ... Dc1×g5.
**31. Dd1–h5?**
Hier aber erweist sich der normalste Zug als erfolglos. Die Analyse ergab, daß Weiß nach 31. Sd4–b3 ernste Chancen auf Gewinn erhalten hätte. Zum Beispiel: 31. ... Db2×b3 32. Dd1–h5 Tb1×c1+ 33. Kg1–h2 Lf8–d6+ 34. Db3–b8 35. Dh5–h6 g7–g6 36. Tg5×g6+ f7×g6 37. Dh6×g6+ Kg8–f8 38. f2–f4 mit klarem Übergewicht.

| 31. | ... | Db2×c1+ |
| 32. | Kg1-h2 | Lf8-d6+ |
| 33. | Th6×d6 | Dc1-f4+ |
| 34. | Tg5-g3 | Df4×d6 |
| 35. | Sd4-f5 | |

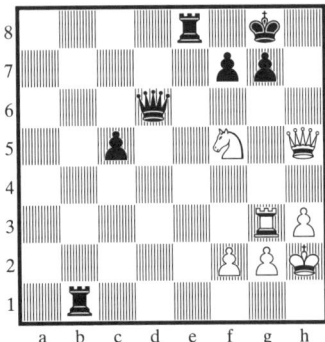

**35. ... Te8-e1!**
Diese Aktion ist der Witz der Sache!

| 36. | Dh5×f7+ | Kg8×f7 |
| 37. | Sf5×d6+ | Kf7-e6 |
| 38. | Tg3-g6+ | Ke6-d5 |
| 39. | Sd6-f5 | Tb1-b7 |
| 40. | Sf5-e3+ | Te1×e3! |

Der kürzeste Weg zum Sieg.

| 41. | f2×e3 | Tb7-c7 |
| 42. | Kh2-g3 | c5-c4 |
| 43. | Kg3-f4 | c4-c3 |
| 44. | e3-e4+ | Kd5-c4 |
| 45. | Tg6-a6 | c3-c2 |
| 46. | Ta6-a1 | Ke4-d3 |

**Weiß gab auf.**

Partie Nr. 40
Ljubojević – Gligorić
Belgrad 1979

| 1. | e2-e4 | e7-e5 |
| 2. | Sg1-f3 | Sb8-c6 |
| 3. | Lf1-b5 | a7-a6 |

| 4. | Lb5-a4 | Sg8-f6 |
| 5. | 0-0 | Lf8-e7 |
| 6. | Tf1-e1 | b7-b5 |
| 7. | La4-b3 | d7-d6 |
| 8. | c2-c3 | 0-0 |
| 9. | h2-h3 | Lc8-b7 |
| 10. | d2-d4 | Tf8-e8! |

Eine Idee I. Saizews. Schwarz beginnt sogleich, seine Figuren umzugruppieren, ohne h7-h6 zu spielen.

| 11. | Sf3-g5 | Te8-f8 |
| 12. | f2-f4?! | |

Weiß will Schwarz für den Tempoverlust durch die Turmzüge strafen und nachweisen, daß der Springerausfall 11. Sg5 nicht umsonst geschah. Noch ist es nicht zu spät, nach Sg5-f3 zum gewohnten System (Sb1-d2 oder a2-a4) zurückzukehren.
Ein „rein englischer Mord" vollzog sich laut A. Beljawski in einer Begegnung Nunn – Karpow. Der Engländer spielte dort 12. Sg5-f3 Tf8-e8 13. Sf3-g5 Te8-f8 und ... beantragte Remis.

| 12. | ... | e5×f4 |
| 13. | Lc1×f4 | Sc6-a5 |
| 14. | Lb3-c2 | |

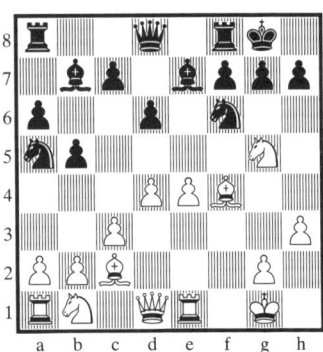

| 14. | ... | Sf6-d5! |

Eine ausgezeichnete Erwiderung.

| 15. | e4×d5 | Le7×g5 |
| 16. | Dd1-h5 | h7-h6 |
| 17. | Lf4-g3 | |

Stärker sieht 17. Lf4×g5 Dd8×g5
18. Dh5×g5 h6×g5 19. Te1−e7 aus.

| | | |
|---|---|---|
| 17. | ... | g7−g6! |
| 18. | Dh5−f3 | Sa5−c4 |
| 19. | Sb1−a3 | Sc4−b6 |

Nicht übel war auch 19. ... Sc4×a3.

| | | |
|---|---|---|
| 20. | Lc2−b3 | h6−h5 |
| 21. | Sa3−c2 | Dd8−f6 |
| 22. | Df3−e4 | a6−a5! |

Schwarz droht mit dem Zug 23. ... a5−a4
und nimmt dem weißen Springer das
Feld b4.

| | | |
|---|---|---|
| 23. | a2−a3 | Sb6−c4! |
| 24. | Lb3×c4 | b5×c4 |
| 25. | h3−h4 | Lg5−h6 |
| 26. | a3−a4 | Kg8−h7 |

Der Nachziehende nimmt seinen König
von der achten Reihe, um in einer gün-
stigen Gelegenheit Ta8−e8 zu spielen.

| | | |
|---|---|---|
| 27. | Te1−f1 | Df6−g7 |
| 28. | De4−f3 | |

Auf 28. De4−e7 folgt 28. ... f7−f5!.

| | | |
|---|---|---|
| 28. | ... | Ta8−e8 |
| 29. | Lg3−f2 | f7−f5 |

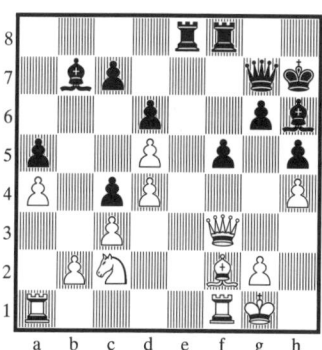

**30. b2−b3?!**
Der verzweifelte Versuch, in schwieriger
Stellung Verwicklungen zu schaffen.

| | | |
|---|---|---|
| 30. | ... | c4×b3 |
| 31. | Sc2−a3 | b3−b2 |
| 32. | Ta1−b1 | Lh6−c1 |
| 33. | c3−c4 | |

Zum großen Bedauern von Weiß geht
der Zug 33. Sa3−c4 wegen 33. ... Lb7−a6
nicht.

| | | |
|---|---|---|
| 33. | ... | f5−f4 |
| 34. | Sa3−b5 | Lb7−c8 |
| 35. | Df3−c3 | g6−g5! |

Schwarz geht nun zur entscheidenden
Attacke über.

| | | |
|---|---|---|
| 36. | Tb1×c1 | b2×c1D |
| 37. | Tf1×c1 | g5−g4! |
| 38. | Dc3×a5 | g4−g3 |
| 39. | Lf2−e1, | |

... und Weiß gab auf, ohne 39. ... Dg7−f6
nebst 40. ... Df6×h4 abzuwarten.


**Partie Nr. 41**
**Kasparow − Karpow**
**44. WM-Partie**
**Moskau 1985**

| | | |
|---|---|---|
| 1. | e2−e4 | e7−e5 |
| 2. | Sg1−f3 | Sb8−c6 |
| 3. | Lf1−b5 | a7−a6 |
| 4. | Lb5−a4 | Sg8−f6 |
| 5. | 0−0 | Lf8−e7 |
| 6. | Tf1−e1 | b7−b5 |
| 7. | La4−b3 | d7−d6 |
| 8. | c2−c3 | 0−0 |
| 9. | h2−h3 | Lc8−b7 |
| 10. | d2−d4 | Tf8−e8 |
| 11. | a2−a4 | |

Häufiger geschieht an dieser Stelle
11. Sb1−d2 (siehe Partie Nr. 42).

| | | |
|---|---|---|
| 11. | ... | h7−h6 |
| 12. | Sb1−d2 | e5×d4!? |

In der Regel wurde vorher zunächst
12. ... Le7−f8 13. Lb3−c2 e5×d4
14. c3×d4 Sc6−b4 oder sogar Sc6−b8
gespielt (9. Partie des 2. Weltmeister-
schaftskampfes Kasparow − Karpow,
Moskau 1985).

| | | |
|---|---|---|
| 13. | c3×d4 | Sc6−b4 |
| 14. | Dd1−e2 | |

Nach Ansicht J. Dorfmans ist 14. d4–d5 am natürlichsten, doch Schwarz hat darauf die Antwort 14. ... c7–c5!.

| 14. | ... | Le7–f8 |
| 15. | e4–e5 | Lb7–c6 |

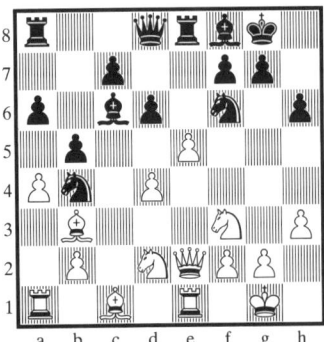

Zu unklarem Spiel würde 15. ... d6×e5 führen: 16. d4×e5 (auf 16. Sf3×e5 kann Lb7–d5 17. a4×b5 Ld5×b3! 18. Sd2×b3 Dd8–d5 mit gutem Spiel für Schwarz folgen) 16. ... Lb7–c6 17. e5–e6.

| 16. | a4×b5 | Lc6×b5 |
| 17. | De2–d1 | Sf6–d5 |
| 18. | Sd2–e4 | |

M. Taimanow merkt an, daß auch 18. Sd2–c4 passabel aussieht.

| 18. | ... | c7–c6 |
| 19. | Se4–c3 | |

Gefährlicher für Schwarz war wohl 19. Se4–g3 nebst Überführen des Turms e1 über e4 zum Königsflügel.

| 19. | ... | Ta8–b8 |
| 20. | Sc3×b5 | a6×b5 |
| 21. | e5×d6 | |

E. Gufeld meint, daß G. Kasparow in diesem Augenblick besser 21. Ta1–a3 hätte spielen sollen, um auf 21. ... c6–c5 mit 22. Lb3×d5 Sb4×d5 23. d4×c5 d6×c5 24. Ta3–d3! fortzusetzen, und Schwarz hat eine Figur weniger.

| 21. | ... | Lf8×d6 |
| 22. | Lc1–d2 | Dd8–c7 |
| 23. | Dd1–b1! | |

Die Dame besetzt die Diagonale b1–h7 und steht zum Eingreifen am Königsflügel bereit.

| 23. | ... | Dc7–d7 |
| 24. | Sf3–e5 | Ld6×e5 |
| 25. | Te1×e5 | Te8×e5 |
| 26. | d4×e5 | c6–c5! |

In Stellungen dieser Art (zwei Läufer gegen zwei Springer) muß der Befehlshaber der Kavallerie einerseits die gefährlichen Diagonalen schließen und andererseits Stützpunkte für die Rösser schaffen.

| 27. | Db1–e4 | c5–c4 |
| 28. | Lb3–d1 | Sb4–d3 |
| 29. | Ld1–g4 | Dd7–b7 |

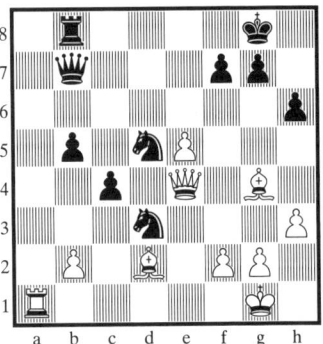

Schwarz fürchtet weder 30. e5–e6 noch 30. Lg4–f3. Im letzteren Falle hat er die Erwiderung 30. ... Db7–b6! parat.

| 30. | De4–d4?! | |

Und wie es sich danach herausstellte, war es notwendig, dem naheliegenden Zug 30. e5–e6! den Vorzug zu geben. Daraufhin erhält Weiß ernsthafte Gewinnchancen, zum Beispiel: 30. ... Se4–c5 31. De4–d4 Sc5–b3 32. e6×f7+ Db7×f7 33. Dd4–e5 Tb8–e8 34. Ta1–a8! Te8×a8 35. Lg4–e6 oder 30. ... Tb8–e8 31. e6×f7+ Db7×f7 32. Ta1–a8 Sd5–f6 33. Lg4–e6!! Sf6×e4 34. Ta8×e8+ (J. Dorfman).

M. Taimanow vertritt die Meinung, daß 30. ... Sd5–f4 besser für Schwarz war, aber auch hier hat er es nach 31. e6×f7 Db7×f7 32. Ld2–e3 mit der Drohung 33. Ta1–a7 schwer, sich zu verteidigen.

| 30. | ... | Db7–b6! |
|-----|-----|---------|
| 31. | Dd4×d5 | Db6×f2+ |
| 32. | Kg1–h2 | Df2×d2 |
| 33. | Tb1–f1 | Dd2–g5! |

Und erneut demonstriert Schwarz ein genaues Spiel. Nicht möglich war 33. ... Ta8–a1 wegen 34. e5–e6.

| 34. | Dd5×f7+ | Kg8–h8 |
|-----|---------|--------|
| 35. | e5–e6 | Sd3–e5 |
| 36. | Df7–f5 | Se5×g4+ |
| 37. | h3×g4 | Tb8–e8 |
| 38. | Df5×g5 | |

**Remis** auf Grund der erschöpften Streitkräfte.

**Partie Nr. 42**
**Kasparow – Karpow**
**16. WM-Partie**
**Leningrad 1986**

| 1. | e2–e4 | e7–e5 |
|-----|-------|-------|
| 2. | Sg1–f3 | Sb8–c6 |
| 3. | Lf1–b5 | a7–a6 |
| 4. | Lb5–a4 | Sg8–f6 |
| 5. | 0–0 | Lf8–e7 |
| 6. | Tf1–e1 | b7–b5 |
| 7. | La4–b3 | d7–d6 |
| 8. | c2–c3 | 0–0 |
| 9. | h2–h3 | Lc8–b7 |
| 10. | d2–d4 | Tf8–e8 |
| 11. | Sb1–d2 | Le7–f8 |
| 12. | a2–a4 | h7–h6 |
| 13. | Lb3–c2 | e5×d4 |
| 14. | c3×d4 | Sc6–b4 |
| 15. | Lc2–b1 | c7–c5 |
| 16. | d4–d5 | Sf6–d7 |
| 17. | Ta1–a3!? | |

Der Zug 17. Sd2–f1 verlor seinen guten Ruf nach der Partie de Firmian – Beljawski (Tunis 1985), in der Schwarz nach 17. ... f7–f5! 18. e4×f5 Sg8–f6 in Vorteil kam.

| 17. | ... | c5–c4 |
|-----|-----|-------|
| 18. | Sf3–d4 | |

Kasparow versucht, das weiße Spiel im Unterschied zur 14. WM-Partie 1986 zu verstärken, wo er zunächst auf b5 getauscht hatte.

| 18. | ... | Dd8–f6 |
|-----|-----|--------|
| 19. | Sd2–f3 | Sd7–c5 |
| 20. | a4×b5 | a6×b5 |
| 21. | Sd4×b5 | |

Der vorherige Turmtausch 21. Ta3×a8 Te8×a8 und das anschließende 22. Sd4×b5 sind wegen 22. ... Ta8–a1 ungünstig für Weiß.

| 21. | ... | Ta8×a3 |
|-----|-----|--------|
| 22. | Sb5×a3 | |

Falsch wäre 22. b2×a3, worauf Schwarz 22. ... Sb4–d3 nebst 23. ... Df6–a1 antwortete.

| 22. | ... | Lb7–a6 |
|-----|-----|--------|
| 23. | Te1–e3 | |

Weiß entfernt den Turm, um ihn vor möglichen Angriffen zu schützen.

| 23. | ... | Te8–b8 |

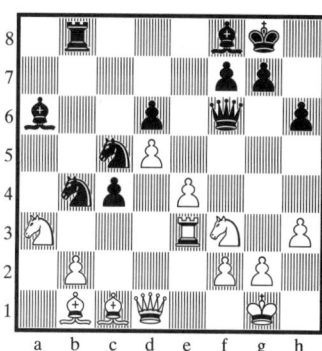

| 24. | e4–e5!? | |

Weiß geht zu entschlossenen Handlungen über.

| 24. | ... | d6×e5 |
| 25. | Sf3×e5 | Sb4–d3?! |

In der Folgezeit wurde 25. ... Sc5–d3 gespielt (siehe Partie Nr. 43).

| 26. | Se5–g4!? |

Das sieht sehr gefährlich für Schwarz aus, doch A. Chalifman ist der Meinung, daß der Zug 26. Dd1–c2 mit der Drohung 27. Sa3×c4 objektiv stärker ist. Außerdem kann Schwarz nicht 26. ... Sc5–b4 wegen 27. Se5–d7 spielen.

| 26. | ... | Df6–b6! |

Dieser Rückzug erwies sich als der beste: Schwarz nimmt damit die Punkte b2 und f2 unter Kontrolle.

| 27. | Te3–g3 | g7–g6 |
| 28. | Lc1×h6 | Db6×b2 |
| 29. | Dd1–f3! |

Die einzige Möglichkeit für Weiß, den Angriff fortzusetzen.

| 29. | ... | Sc5–d7 |
| 30. | Lh6×f8 | Kg8×f8 |
| 31. | Kg1–h2! |

Ein interessantes prophylaktisches Manöver des Königs.

| 31. | ... | Tb8–b3! |

Nichts Gutes verhieß Schwarz die Folge 31. ... Db2×a3 32. Sg4–h6 Da3–e7 33. Tg3×g6 Kf8–e8 34. d5–d6!

| 32. | Lb1×d3 |

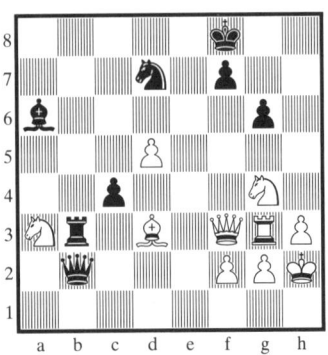

Und hier haben wir bereits die kritische Stellung.

Schwarz stehen vier Möglichkeiten offen, eine Figur zu schlagen. Die Analyse zeigte, daß 32. ... Tb3×a3 33. Df3–f4 Ta3×d3 34. Df4–d6+ Kf8–g7 35. Dd6×d7 Tg6×g3 zu einer Remisstellung führt. Auch nach 32. ... Tb3×d3 33. Df3–f4 Db2×a3 34. Sg4–h6 Da3–e7 35. Tg3×g6 De7–e5 36. Df4×e5 Sd7×e5 37. Tg6×a6 Td3×d5 sollte Schwarz nicht verlieren. Aber er wählte den ungünstigsten Weg.

| 32. | ... | c4×d3? |
| 33. | Df3–f4! | Db2×a3? |

Und dies ist bereits der entscheidende Fehler. 33. ... d3–d2 34. Sg4–h6 Sd7–f6! hätte Schwarz Verteidigungschancen eingeräumt.

| 34. | Sg4–h6 | Da3–e7 |
| 35. | Tg3×g6 | De7–e5 |
| 36. | Tg6–g8+ | Kf8–e7 |

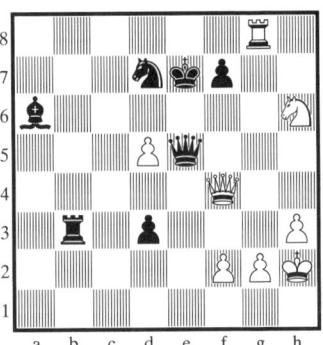

| 37. | d5–d6+! |

Dieser vernichtende Schlag sichert Weiß den Sieg.

| 37. | ... | Ke7–e6 |
| 38. | Tg8–e8+ | Ke6–d5 |
| 39. | Te8×e5+ | Sd7×e5 |
| 40. | d6–d7 | Tb3–b8 |
| 41. | Sh6×f7 |

Schwarz gab auf.

## Partie Nr. 43
### Dwoiris – Timostschenko
### Barnaul 1988

| | | |
|---|---|---|
| 1. | e2–e4 | e7–e5 |
| 2. | Sg1–f3 | Sb8–c6 |
| 3. | Lf1–b5 | a7–a6 |
| 4. | Lb5–a4 | Sg8–f6 |
| 5. | 0–0 | Lf8–e7 |
| 6. | Tf1–e1 | b7–b5 |
| 7. | La4–b3 | 0–0 |
| 8. | c2–c3 | d7–d6 |
| 9. | h2–h3 | Lc8–b7 |
| 10. | d2–d4 | Tf8–e8 |

Die prinzipiellste Fortsetzung von Schwarz an dieser Stelle (vgl. Partie Nr. 40 und 41).

| | | |
|---|---|---|
| 11. | a2–a4 | h7–h6 |
| 12. | Sb1–d2 | Le7–f8 |
| 13. | Lb3–c2 | e5×d4 |
| 14. | c3×d4 | Sc6–b4 |
| 15. | Lc2–b1 | c7–c5 |
| 16. | d4–d5 | Sf6–d7 |
| 17. | Ta1–a3!? | c5–c4 |
| 18. | Sf3–d4 | Dd8–f6 |
| 19. | Sd2–f3 | Sd7–c5 |
| 20. | a4×b5 | a6×b5 |
| 21. | Sd4×b5 | Ta8×a3 |
| 22. | Sb5×a3 | Lb7–a6 |
| 23. | Te1–e3 | Te8–b8 |
| 24. | e4–e5!? | d6×e5 |
| 25. | Sf3×e5 | Sc5–d3 |

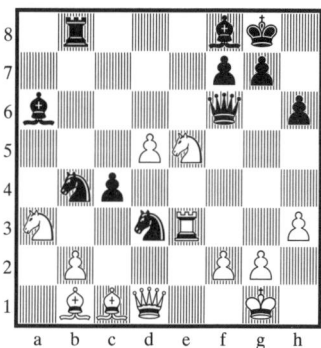

Jetzt hat Schwarz das Feld c2 unter Kontrolle, und Weiß verfügt nicht mehr über den Zug 26. Dd1–c2.

**26. Se5–g4    Df6–d4**

Die andere mögliche Fortsetzung ist 26. ... Df6–h4.
In der Partie Nunn – Psachis (Hastings 1987/88) folgte darauf 27. Te3–g3 Kg8–h8 28. Lc1–d2 Lf8–d6 29. Tg3–f3 Sd3×b2 30. Dd1–e2 Dh4–e7, und die Stelung war ungefähr gleich.

**27. Sa3–c2    Sb4×c2**
**28. Lb1×c2    Lf8–c5?**

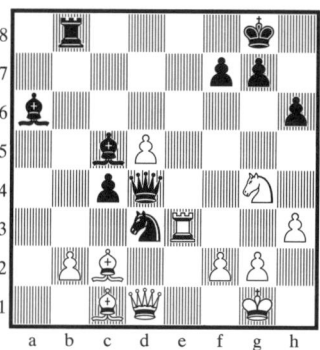

Der kritische Moment. Kurze Zeit später setzte in einer anderen Begegnung zwischen beiden Partnern Timostschenko mit 28. ... Lf8–d6! fort, und nach 29. b2–b3 Dd4–a1 30. b3×c4 La6×c4! 31. Lc2×d3 Lc4×d3 32. Te3–e1 Ld3–g6 33. Lc1–d2! Tb8–b1 34. Dd1–e2 Tb1×e1+ 35. De2×e1 Da1×e1+ 36. Ld2×e1 Lg6–e4 37. Sg4–e3 Ld6–c5 endete die Partie remis.

**29. Dd1–f3!**

Die elegante Widerlegung.

**29. ...    Sd3×c1**
**30. Sg4×h6+!    Kg8–h8**

30. ... g7×h6 ist wegen 31. Df3–g3+ nicht spielbar.

**31. Sh6–f5    Dd4×e3**

Auch nicht besser wäre 31. ... Dd4–f6 32. Df3–h5+ Kh8–g8 33. Sf5–e7+.

| | |
|---|---|
| 32. f2×e3 | Tb8×b2 |
| 33. Sf5−e7! | Lc5×e3+ |
| 34. Df3×e3 | Tb2×c2 |
| 35. De3−e5 | |

**Schwarz gab auf,** denn das Matt ist nicht zu verhindern.

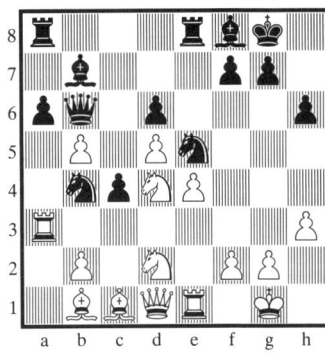

**Partie Nr. 44**
**Sokolow − Portisch**
**Brüssel 1988**

| | |
|---|---|
| 1. e2−e4 | e7−e5 |
| 2. Sg1−f3 | Sb8−c6 |
| 3. Lf1−b5 | a7−a6 |
| 4. Lb5−a4 | Sg8−f6 |
| 5. 0−0 | Lf8−e7 |
| 6. Tf1−e1 | b7−b5 |
| 7. La4−b3 | d7−d6 |
| 8. c2−c3 | 0−0 |
| 9. h2−h3 | Lc8−b7 |
| 10. d2−d4 | Tf8−e8 |
| 11. Sf3−g5 | Te8−f8 |
| 12. Sg5−f3 | Tf8−e8 |
| 13. Sb1−d2 | Le7−f8 |
| 14. a2−a4 | h7−h6 |
| 15. Lb3−c2 | e5×d4 |
| 16. c3×d4 | Sc6−b4 |
| 17. Lc2−b1 | c7−c5 |
| 18. d4−d5 | Sf6−d7 |
| 19. Ta1−a3 | c5−c4 |
| 20. Sf3−d4 | Sd7−e5?! |

Gebräuchlicher ist eigentlich der Zug 20. ... Dd8−f6 (siehe Partien Nr. 42 und 43).

| | |
|---|---|
| 21. a4×b5 | Dd8−b6 |

Es entsteht der Eindruck, daß Schwarz die Initiative übernommen hat, doch Weiß besitzt in Verbindung mit folgendem Figurenopfer überraschende Ressourcen.

| | |
|---|---|
| 22. Sd2×c4! | Se5×c4 |
| 23. Ta3−g3 | Lb7−c8! |

Schwarz nimmt damit der weißen Dame das Feld g4.

| | |
|---|---|
| 24. b2−b3 | |

Auf 24. Lc1×h6 könnte 24. ... Sc4×b2 25. Dd1−d2 Sb2−d3 26. Tg3×d3 Sb4×d3 27. Dd2×d3 g7−g6 folgen, und die Attacke von Weiß versandet.

| | |
|---|---|
| 24. ... | Sc4−e5 |
| 25. Lc1−e3 | Se5−g6 |
| 26. f2−f4 | Db6−d8 |
| 27. f4−f5 | Sg6−e5 |
| 28. Dd1−d2 | a6−a5 |
| 29. Le3×h6 | |

Schließlich kassiert Weiß den Bauern h6, und das in einer für ihn sehr angenehmen Situation.

| | |
|---|---|
| 29. ... | Dd8−h4 |
| 30. Kg1−h2 | Lc8−d7 |
| 31. Lh6−g5 | Dh4−h5 |
| 32. Te1−f1 | g7−g6 |

Mehr Widerstand bot der Zug 32. ... Ta8−b8. Jetzt geht Weiß dazu über, seinen Vorteil zu realisieren.

| | |
|---|---|
| 33. Sd4−c6! | Ld7×c6 |
| 34. d5×c6 | Ta8−b8 |
| 35. f5×g6 | f7×g6 |

| 36. | c6–c7! | Tb8–c8 |
|---|---|---|

Auf 36. ... Tb8×b5 folgt 37. Lg5–d8
Tb5–c5 38. Tf1–c1.

| 37. | b5–b6 | Dh5–h7 |
|---|---|---|
| 38. | Tf1×f8+! | Te8×f8 |
| 39. | Dd2×d6 | Sb4–c6 |
| 40. | Lg5–f6 | Tf8×f6 |
| 41. | Dd6×f6 | Dh7–d7 |

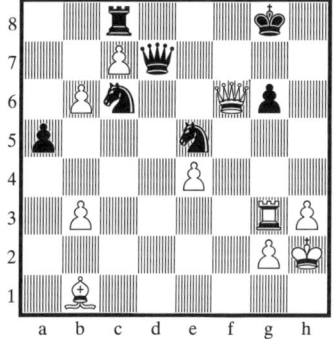

**42. b6–b7**

Schwarz gab auf. Auf 42. ... Tc8×c7 geschieht einfach 43. b7–b8D Sc6×b8 44. Df6×e5.

**Partie Nr. 45**
**Timman – Kasparow**
**Hilversum 1985**

| 1. | e2–e4 | e7–e5 |
|---|---|---|
| 2. | Sg1–f3 | Sb8–c6 |
| 3. | Lf1–b5 | a7–a6 |
| 4. | Lb5–a4 | Sg8–f6 |
| 5. | 0–0 | Lf8–e7 |
| 6. | Tf1–e1 | b7–b5 |
| 7. | La4–b3 | d7–d6 |
| 8. | c2–c3 | 0–0 |
| 9. | h2–h3 | Lc8–b7 |
| 10. | d2–d4 | Tf8–e8 |
| 11. | Sf3–g5 | Te8–f8 |
| 12. | Sg5–f3 | Tf8–e8 |
| 13. | Sb1–d2! | |

Das Ausrufezeichen für diesen gebräuchlichen Zug steht deshalb hier, weil Weiß auf ein Remis gegen den Weltmeister verzichtet, das sich nach 13. Sf3–g5 Te8–f8 14. Sg5–f3 ergeben würde, und mutig auf Gewinn spielt.

| 13. | ... | Le7–f8 |
|---|---|---|
| 14. | a2–a3 | |

Eine Fortsetzung, die häufig von ungarischen Schachmeistern angewendet wird, bei der Weiß das Feld b4 sicher kontrolliert.

| 14. | ... | h7–h6 |
|---|---|---|
| 15. | Lb3–c2 | Sc6–b8 |

Dieses Manöver ist charakteristisch für die vorliegende Stellung.

| 16. | b2–b4 | Sb8–d7 |
|---|---|---|
| 17. | Lc1–b2 | g7–g6 |
| 18. | c3–c4 | e5×d4 |

Ungünstig wäre 18. ... b5×c4 wegen 19. d4×e5.

| 19. | c4×b5 | a6×b5 |
|---|---|---|
| 20. | Sf3×d4 | c7–c6 |
| 21. | a3–a4 | b5×a4 |
| 22. | Lc2×a4 | Dd8–b6 |

Vor diesem Match in Hilversum wurde meist 22. ... Ta8–c8 gespielt.

**23. Sd4–c2!?**

J. Timman probiert eine Verstärkung. In der ersten Partie des Wettkampfes zog er 21. b4–b5, und nach 21. ... c6×b5 22. La4×b5 d6–d5 hatte Schwarz das Spiel leicht ausgeglichen.

| 23. | ... | Db6–c7 |
|---|---|---|
| 24. | La4–b3 | Lb7–a6! |

Schwarz verbessert die Position seines Läufers.

**25. Ta1–c1**

J. Razuwajew sieht 25. Ta1–a5 nebst Dd1–a1–a2 als zukunftsträchtiger an.

| 25. | ... | Lf8–g7 |
|---|---|---|
| 26. | Sc2–a3 | La6–b5! |

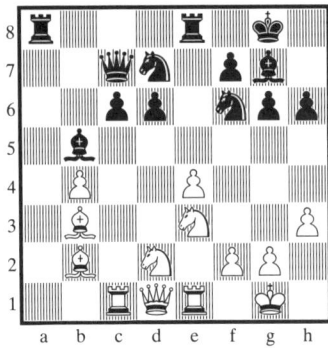

### 27. Se3–d5!?

Die Initiative ist allmählich auf Schwarz übergegangen, und Timman beschließt deshalb, den Kampf zuzuspitzen.

| | | |
|---|---|---|
| 27. | ... | Sf6×d5 |
| 28. | Lb2×g7 | Kg8×g7 |
| 29. | e4×d5 | Sd7–e5! |
| 30. | Sd2–e4 | Se5–d3 |
| 31. | Dd1–d2 | Ta8–a3?! |

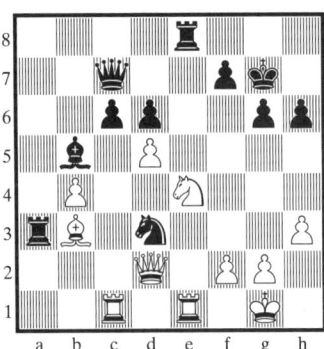

Wie sich später herausstellte, war 31. ... Dc7–e7 32. Dd2–c3+ De6–e5 bedeutend besser, und Schwarz hätte gute Gewinnchancen besessen.

| | | |
|---|---|---|
| 32. | Se4–f6!! | Te8×e1+ |
| 33. | Tc1×e1 | Kg7×f6 |

Auch nicht besser ist 33. ... Dc7–a7. Darauf folgt äußerst unangenehm 34. Sf6–g4! g6–g5 35. Dd2–c3+.

| | | |
|---|---|---|
| 34. | Dd2–c3+ | Sd3–e5 |

Spielt der Nachziehende 34. ... Kf6–g5, so muß er nach 35. Te1–e3 mit unparierbaren Drohungen rechnen.

| | | |
|---|---|---|
| 35. | f2–f4 | Lb5–a4 |
| 36. | f4×e5+ | d6×e5 |
| 37. | d5–d6! | Dc7×d6 |
| 38. | Dc3–f3+ | |

Nun hat Schwarz keine Gegenwehr mehr.

| | | |
|---|---|---|
| 38. | ... | Kf6–e7 |
| 39. | Df3×f7+ | Ke7–d8 |
| 40. | Te1–d1 | Ta3–a1 |
| 41. | Df7–f6+! | |

**Schwarz gab auf.**

---

### Partie Nr. 46
### Hjartarson – Karpow
### Seattle 1989

| | | |
|---|---|---|
| 1. | e2–e4 | e7–e5 |
| 2. | Sg1–f3 | Sb8–c6 |
| 3. | Lf1–b5 | a7–a6 |
| 4. | Lb5–a4 | Sg8–f6 |
| 5. | 0–0 | Lf8–e7 |
| 6. | Tf1–e1 | b7–b5 |
| 7. | La4–b3 | d7–d6 |
| 8. | c2–c3 | 0–0 |
| 9. | h2–h3 | Lc8–b7 |
| 10. | d2–d4 | Tf8–e8 |
| 11. | Sb1–d2 | Le7–f8 |
| 12. | a2–a3 | h7–h6 |
| 13. | Lb3–c2 | Sc6–b8 |
| 14. | b2–b4 | Sb8–d7 |
| 15. | Lc1–b2 | a6–a5 |
| 16. | Lc2–d3 | c7–c6 |
| 17. | Sd2–b3 | |

Eine der Hauptideen dieser Variante besteht darin, Druck am Damenflügel zu entwickeln. Schwarz aber bringt schnell sein Gegenargument.

| | | |
|---|---|---|
| 17. | ... | a5×b4 |
| 18. | c3×b4 | e5×d4 |
| 19. | Sf3×d4 | |

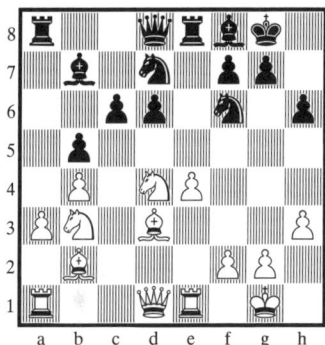

Aufmerksamkeit verdiente 19. Sb3–a5, und das Qualitätsopfer 19. ... Ta8×a5 bringt Schwarz nichts ein.

**19. ...**      **c6–c5!**
**20. b4×c5**      **d6×c5**
**21. Sd4×b5**      **Sf6×e4**
**22. Dd1–c2**      **Sd7–f6**

Nach dem mehrfachen Abtausch der Bauern zeigt sich ein leichtes Übergewicht von Schwarz, da die weißen Springer recht untätig am Damenflügel herumstehen.

**23. Sb5–c3**      **Se4–g5!**

Der Springer bedroht den weißen Königsflügel.

**24. Ld3–b5**

Das ist ein Tempoverlust, besser war es, sofort 24. Ld3–f1 zu spielen.

**24. ...**      **Te8×e1+**
**25. Ta1×e1**      **Dd8–c7**
**26. Lb5–f1**      **Dc7–c6!**

Schwarz droht bereits 26. ... Sg5–f3+ oder 26. ... Sg5×h3+.

**27. Te1–e3**      **Lf8–d6!**

Der Läufer bewegt sich in Richtung f4.

**28. h3–h4**      **Sg5–e6**
**29. Sc3–d1**

Mehr Widerstandsmöglichkeiten hätte 29. Sc3–b5 geboten.

**29. ...**      **Sf6–g4**
**30. Te3×e6?**

Weiß mußte mittels 30. Te3–h3 unbedingt zur Verteidigung übergehen. Nach dem Textzug ist keine befriedigende Lösung mehr für ihn in Sicht.

**30. ...**      **Ld6–h2+!**
**31. Kg1–h1**      **Dc6×e6**
**32. f2–f3**      **De6–e1!**

**Weiß gab auf.**

Auf 33. f3×g4 folgt 33. ... De1×h4.

## Partie Nr. 47
## Tukmakow – Karpow
### Leningrad 1973

**1. e2–e4**      **e7–e5**
**2. Sg1–f3**      **Sb8–c6**
**3. Lf1–b5**      **a7–a6**
**4. Lb5–a4**      **Sg8–f6**
**5. 0–0**      **Lf8–e7**
**6. Tf1–e1**      **b7–b5**
**7. La4–b3**      **d7–d6**
**8. c2–c3**      **0–0**
**9. h2–h3**      **Sc6–b8**

Als erster Schachmeister wendete im Jahre 1911 der Ungar D. Breyer diesen etwas paradox anmutenden Zug an. In modernerer Form erlebte die Idee in den fünfziger Jahren durch die sowjetischen Theoretiker G. Borisenko und S. Furman eine Wiedergeburt.

**10. d2–d4**      **Sb8–d7**

Die grundlegende Ausgangsstellung des Breyer-Systems. Weiß besitzt hier viele Möglichkeiten: 11. Sb1–d2, 11. Lc1–g5, 11. c3–c4. 11. Sf3–h4.

**11. c3–c4!?**

Dies ist wohl der aktivste Plan für das Spiel von Weiß, der in langen Jahren detailliert ausanalysiert wurde.

**11. ...**      **c7–c6**
**12. Lc1–g5**

Als wichtigste Fortsetzung, die zu forcierten und nicht selten scharfen Varianten führt, gilt 12. c4–c5!?.

**12. ...**      **h7–h6!**

Ein genauer Zug, der Weiß nötigt, die Position seines schwarzfeldrigen Läufers zu bestimmen.

**13. Lg5–h4**

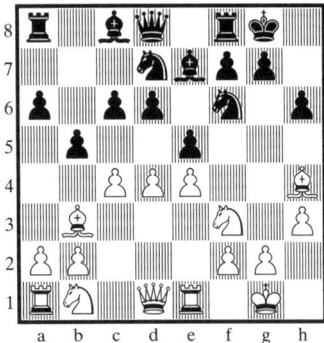

| | | |
|---|---|---|
| **13.** | **...** | **Sf6–h5!** |
| **14.** | **Lh4×e7** | **Dd8×e7** |
| **15.** | **c4×b5** | **a6×b5** |
| **16.** | **Sb1–c3?** | |

Weiß, der die Eröffnung ohnenin ehrgeizlos angelegt hat, mußte hier ruhig 16. Sb1–d2 spielen.

| | | |
|---|---|---|
| **16.** | **...** | **b5–b4** |
| **17.** | **Sc3–b1** | |

Gesteht den Fehler ein, obwohl es dennoch klüger war, 17. Sc3–e2 zu ziehen, um Schwarz den Punkt f4 nicht zu überlassen.

| | | |
|---|---|---|
| **17.** | **...** | **Sh5–f4** |
| **18.** | **Sb1–d2** | **e5×d4** |
| **19.** | **Sf3×d4** | **Sd7–e5!** |

Während Weiß Zeit verlor, nahmen die schwarzen Figuren das Brett in Besitz.

| | | |
|---|---|---|
| **20.** | **Sd2–f3** | **De7–f6** |

Schwarz droht nun 21. ... Lc8×h3.

| | | |
|---|---|---|
| **21.** | **Sf3×e5** | **d6×e5** |
| **22.** | **Sd4–f5** | |

Weiß muß einen Bauern geben; im Falle von 22. Sd4–f3 folgt 22. ... Tf8–d8 23. Dd1–c2 Sf4×h3+.

| | | |
|---|---|---|
| **22.** | **...** | **Lc8×f5** |
| **23.** | **e4×f5** | **Ta8–d8!** |

A. Karpow ist der Ansicht, daß Schwarz die Initiative verloren hätte, wenn er den Bauern schlüge (23. ... Df6×f5). Und nach 24. Dd1–f3 stünde ihm ein langer Kampf bevor, um den minimalen Vorteil zu realisieren.

| | | |
|---|---|---|
| **24.** | **Dd1–f3** | **Td8–d2** |
| **25.** | **Te1–e3** | |

Auf das natürliche 25. Ta1–c1 könnte 25. ... Df6×f5 26. Tc1×c6 Sf4×h3+! 27. Df3×h3 Df5×f2+ 28. Kg1–h2 Df2×e1 geschehen (A. Karpow).

| | | |
|---|---|---|
| **25.** | **...** | **Td2×b2** |
| **26.** | **Ta1–e1** | **Tf8–e8** |
| **27.** | **Te3–e4** | **Sf4–d5** |
| **28.** | **Df3–g3** | |

Weiß sucht Gegenspiel.

| | | |
|---|---|---|
| **28.** | **...** | **Sd5–c3** |
| **29.** | **Te4×b4** | |

Auf 29. Te4×e5 folgt genau wie in der Partie 29. ... Sc3–e2+.

| | | |
|---|---|---|
| **29.** | **...** | **Sc3–e2+** |
| **30.** | **Te1×e2** | **Tb2×e2** |
| **31.** | **Tb4–b7?** | |

Anatoli Karpow ist der Meinung, daß 31. Dg3–g6! Aufmerksamkeit verdient.

| | | |
|---|---|---|
| **31.** | **...** | **Te8–e7** |
| **32.** | **Tb7–b8+** | **Kg8–h7** |
| **33.** | **Kg1–f1** | |

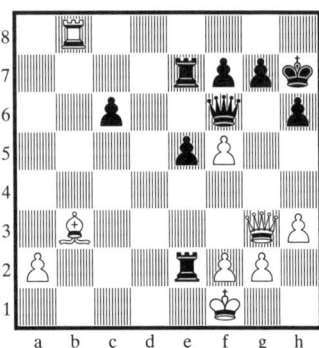

Ein effektvoller Schluß der Partie ergäbe sich nach 33. Dg3–g6+ f7×g6 34. Lb3–g8+, und Remis durch ewiges

Schach, aber Schwarz ist natürlich nicht verpflichtet, die Dame mit dem Bauern zu schlagen.

**33. ...** **Te2–d2!**

Das einzige Ausweichfeld für den Turm. Auf 33. ... Te2–b2 oder 33. ... Te2–e4 folgt der Keulenschlag 34. Dg3–g6+!!. Dagegen hilft auch nicht die Antwort 34. ... Df6×g6 35. f5×g6+ Kh7×g6, weil Weiß verschiedene Läufermanöver zur Verfügung stehen: auf Tb2 geschieht 26. Lb3×f7+ und auf Te4 36. Lb3–c2. Jetzt aber ist alles klar.

**Weiß gab auf.**

**Partie Nr. 48**
**Karpow – Unzicker**
**Mailand 1975**

| | |
|---|---|
| 1. e2–e4 | e7–e5 |
| 2. Sg1–f3 | Sb8–c6 |
| 3. Lf1–b5 | a7–a6 |
| 4. Lb5–a4 | Sg8–f6 |
| 5. 0–0 | Lf8–e7 |
| 6. Tf1–e1 | b7–b5 |
| 7. La4–b3 | d7–d6 |
| 8. c2–c3 | 0–0 |
| 9. h2–h3 | Sc6–a5 |
| 10. Lb3–c2 | c7–c5 |
| 11. d2–d4 | Dd8–c7 |

Interessant ist die von P. Keres in die Praxis eingeführte Variante mit dem Zug 11. ... Sf6–d7. Doch bei genauem Spiel von Weiß verdienen die Aussichten des Anziehenden den Vorzug, zum Beispiel: 12. Sb1–d2 c5×d4 13. c3×d4 Sb8–c6 14. d4–d5 Sc6–b4 15. Lc2–b1 a6–a5 16. Dd1–e2 Ta8–b8 17. a2–a3 Sb4–a6 18. Lb1–d3 Sa6–c5 19. b2–b4, und Weiß steht überlegen (Dolmatow – Charitonow, Moskau 1989).

**12. Sb1–d2**

Die Grundstellung der Tschigorin-Variante, die ungeachtet neuer Ideen nach wie vor häufig in den wichtigsten Turnier anzutreffen ist.

**12. ...** **Lc8–d7**

Das ist neben 12. ... c5×d4, 12. ... Sa5–c6 und 12. ... Lc8–b7 eine der gebräuchlichsten Fortsetzungen.

**13. Sd2–f1** **Tf8–e8**
**14. d4–d5**

Dieser Zug verdeutlicht den grundlegenden Mangel der schwarzen Stellung, und zwar die ungünstige Position des Springers a5, dessen wichtigster Rückzugsweg nun abgeschnitten ist.

**14. ...** **Sa5–b7**
**15. Sf3–h2**

Ein für dieses System charakteristisches Manöver. Der Springer geht zur Seite, um den Vorstoß des f-Bauern zu ermöglichen.

**15. ...** **g7–g6**
**16. Sf1–g3**

Erst geschieht dieser feine Zug, denn das sofortige 16. f2–f4 wäre wegen 16. ... e5×f4 17. Lc1×f4 Sf6–h5 verfrüht. Deshalb nimmt Weiß das Feld h5 vorsorglich unter Kontrolle.

**16. ...** **c5–c4**
**17. f2–f4** **e5×f4**

Eine zweifelhafte Entscheidung. Offensichtlich besser war 17. ... Le7–f8 18. f4×e5 d6×e5. Jetzt aber ist die

„Kommunikation" unter den schwarzen Figuren gestört.

**18. Lc1×f4    Le7−f8?**

Und das ist bereits ein elementarer taktischer Fehler. Schwarz mußte mit dem anderen Läufer (Ld7−c8) zurückgehen.

**19. Lf4−g5    Lf8−e7**

Der Läufer kehrt zurück in der Hoffnung, daß 19. ... Dc7−c5+ und 20. ... Sf6×d5 noch möglich sind.

**20. Dd1−d2    Ld7−c8**
**21. Te1−f1    Sf6−d7**
**22. Sh2−g4!**

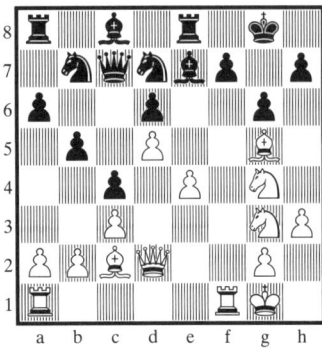

**Schwarz gab auf.**

Auf dem Brett wurde bisher lediglich ein Bauer abgetauscht, und es scheint, als ob der ganze Kampf noch bevorsteht. Doch ausgerechnet der aus dem Hinterhalt kommende Springer h2, der Schwarz das Schlüsselfeld e5 streitig macht, entscheidet den Ausgang der Partie.

Es droht jetzt 23. Dd2−f2, und auf 22. ... Kg8−g7 folgt laut Karpow 23. e4−e5! d6×e5 (auf 23. ... Sd7×e5 geschieht 24. Lg5−f6+ Le7×f6 25. Dd2−h6+) 24. Lg5×e7 Te8×e7 25. Dd2−h6+ Kg7−g8 26. Tf1−f6 mit dem unparierbaren 27. Sg3−h5.

84

**Partie Nr. 49**
**Stein − Mecking**
**Sousse 1967**

| | | |
|---|---|---|
| 1. | e2−e4 | e7−e5 |
| 2. | Sg1−f3 | Sb8−c6 |
| 3. | Lf1−b5 | a7−a6 |
| 4. | Lb5−a4 | Sg8−f6 |
| 5. | 0−0 | Lf8−e7 |
| 6. | Tf1−e1 | b7−b5 |
| 7. | La4−b3 | d7−d6 |
| 8. | c2−c3 | 0−0 |
| 9. | h2−h3 | Sc6−a5 |
| 10. | Lb3−c2 | c7−c5 |
| 11. | d2−d4 | Dd8−c7 |
| 12. | Sb1−d2 | Sa5−c6 |

Dieser Zug will den Vorstoß 13. d4−d5 provozieren, nach dem das Spiel in eine geschlossene Stellung mündet, die beiden Seiten Chancen einräumt. Weiß wählt aber einen anderen Weg.

| | | |
|---|---|---|
| 13. | d4×e5 | d6×e5 |
| 14. | Sf3−h2 | |

Wenn dieses Manöver in der vorhergehenden Partie dazu diente, den Vorstoß des f-Bauern zu ermöglichen, so soll hier der weißen Dame Platz gemacht werden. Der Springer aber bleibt im Hinterhalt.

| | | |
|---|---|---|
| 14. | ... | Lc8−e6 |
| 15. | Dd1−f3 | Ta8−d8 |
| 16. | Sd2−f1 | g7−g6 |

Die Eile, mit der Schwarz sich bemüht, den Punkt f5 zu überdecken, ist nicht gerechtfertigt. Besser war 16. ... c5−c4 17. Sf1−e3 Dc7−a5 (mit der Drohung Sc6−d4) 18. Te1−f1 b5−b4.

| | | |
|---|---|---|
| 17. | Lc1−h6 | Tf8−e8 |
| 18. | Sf1−e3 | Sc6−d4! |

Schwarz entscheidet sich für die Methode der aktiven Verteidigung und opfert zeitweilig eine Figur.

| | | |
|---|---|---|
| 19. | c3×d4 | c5×d4 |

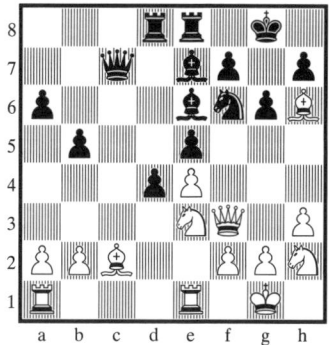

a b c d e f g h

Die kritische Stellung. Weiß muß jetzt sehr energisch spielen – anderenfalls kann Schwarz die Partie mühelos ausgleichen.

| 20. | Se3–f5! | Le6×f5 |
| 21. | e4×f5 | Dc7×c2 |
| 22. | Te1×e5 | Le7–f8? |

Eine Ungenauigkeit, die von Stein glänzend widerlegt wird. Stärker war 22. ... Dc2×b2 23. Ta1–e1 Le7–d6 24. Te5×e8+ Td8×e8 25. Te1×e8 Sf6×e8 26. Df3–e4 Db2–a1+ 27. Sh2–f1 Se8–g7 mit Aussicht auf erfolgreiche Verteidigung.

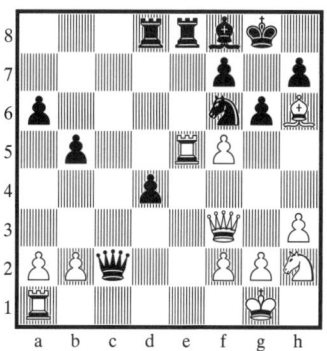

a b c d e f g h

| 23. | f5×g6! | Lf8×h6 |

Schlecht für Schwarz wäre 23. ... Te8×e5 24. Df3×f6 Dc2×g6 25. Df6×d8 Dg6×h6 26. Sh2–g4.

| 24. | Sh2–g4!! | |

Der Witz der Kombination! Mit enormer Kraft kommt der Springer plötzlich aus dem Hinterhalt ins Spiel. Wahrscheinlich rechnete Schwarz nur mit dem naheliegenden 24. Df3×f6 h7×g6 und Ausgleich.

| 24. | ... | Lh6–g7 |
| 25. | Sg4×f6+ | Lg7×f6 |
| 26. | Df3×f6 | h7×g6 |
| 27. | Ta1–e1! | Te8–f8 |

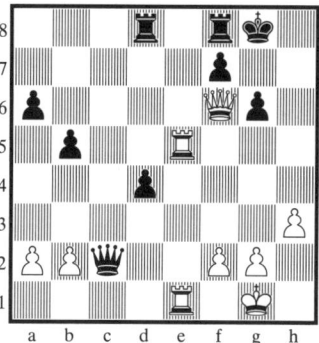

a b c d e f g h

Hartnäckiger war 27. ... Dc2–c8 mit dem Übergang in ein Damenendspiel mit einem Bauern weniger: 28. Te5×e8 Td8×e8 29. Te1×e8+ Dc8×e8 30. Df6×d4. Jetzt folgt die schnelle Entscheidung über den Ausgang der Partie.

| 28. | Te5–e4! | Td8–d5 |
| 29. | Te4–h4 | Td5–h5 |
| 30. | Th4×h5 | g6×h5 |
| 31. | Te1–e5 | Tf8–c8 |
| 32. | Te5–g5+ | |

Schwarz gab auf.

# Partienverzeichnis